Ines Leue

Finde die Wahrheit in deinem Herzen

Meditationen und Geschichten
für persönliche Entwicklung
und Transformation

© 2023 Alle Rechte vorbehalten

Rechtliche Hinweise
Die Verwertung der Texte und Bilder, auch auszugsweise, ist ohne Zustimmung des Angelina Schulze Verlags urheberrechtswidrig und strafbar. Dies gilt auch für Übersetzungen, Vervielfältigungen, Mikroverfilmung und für jegliche Art von Verarbeitung mit elektronischen Systemen. Als Leserin und Leser dieses Buches möchten wir Sie ausdrücklich darauf hinweisen, dass keine Erfolgsgarantie für die Verwendung der Texte gewährt werden kann. Die Inhalte in diesem Buch spiegeln die Erfahrungen von Ines Leue wider. Der Verlag und die Autorin übernehmen auch keinerlei Verantwortung für jegliche Art von Folgen z. B. unerwünschte Reaktionen, Verluste, Risiken, falsch verstandene Texte oder Anwendungen. Diese Veröffentlichung wurde nach bestem Wissen erstellt. Sollten Inhalte dieses Buches gegen geltende Rechtsvorschriften verstoßen, dann bitten wir Sie um eine Benachrichtigung, um die betreffenden Inhalte schnellstmöglich zu bearbeiten bzw. zu entfernen.

Bibliographische Information der Deutschen Nationalbibliothek
Die Deutsche Nationalbibliothek verzeichnet diese Publikation in der deutschen Nationalbibliographie; detaillierte bibliographische Daten sind im Internet über http://dnb.d-nb.de abrufbar.

Autor des Buches: © 2023 Ines Maiwald (Leue)

Layout und Satz des Buches: Angelina Schulze

Korrekturlesen: Gitte Gärtner

Umschlaggestaltung: Angelina Schulze

Coverbild und Bilder im Buch:
© Caphira Lescante – Adobe Stock Bild angepasst von Autodraft
© christine krahl – Adobe Stock (Herz mit Schmetterlingen)

Verlag: Angelina Schulze Verlag
  Am Mühlenkamp 15, 38268 Lengede
  verlag@angelina-schulze.com
  https://angelina-schulze-verlag.de

1. Auflage November 2023

ISBN: 978-3-96738-266-2

Inhaltsverzeichnis

Einleitung 5

Meditation „Trau dich" 11

Meditation „Erinnerung" 16

Meditation „Entdeckung" 20

Meditationsgeschichte „Das Aufwachen" 25

Meditationsgeschichte „Der Traum der Seele" 29

Meditation „Dein Rucksack" 33

Meditation „Das Wesentliche" 39

Meditation „Weniger ist häufig mehr" 44

Meditationsgeschichte „Sommerregen" 47

Meditationsgeschichte 51

„Überfließende Fülle" 51

Meditation „Neues Leben" 55

Meditationsgeschichte „Mein eigener Ton" 60

Meditationsgeschichte „Das Schauspielhaus" 64

Meditationsgeschichte „Vergessen".........69

Meditation „Deine Seelen-Hüllen-Puppe"..........72

Meditation „Ertragen" oder „Er trägt".........77

Meditationsgeschichte „Das Wirkliche"..........82

Meditation „Genau wie ich"..........86

Meditation „Das eine Licht"..........90

Meditation „Ich bin das auch"..........94

Meditation „Barmherzigkeit"..........99

Meditation „Dein ureigener Wert"..........103

Meditation „Vergebung"..........107

Meditation „Behutsamkeit"..........111

Meditation „In Verbindung"..........116

Meditation „Bedingungslose Liebe und Akzeptanz"121

Meditation „Dein Wille geschehe"..........124

Meditation „Das leere Haus"..........129

Meditation „Im Einklang"..........134

Meditation „Vom Leben berührt"..........137

Meditationsgeschichte „Dein Urteil"..........142

Meditation „Mein größtes Potential" 146

Meditationsgeschichte „Das Haus am Waldrand"... 151

Meditation „Reines Sein" 154

Meditationsgeschichte „Das was bleibt" 158

Bist du bereit, dich vom Glück finden zu lassen?.... 162

Ein „Dankesbrief an Dich selbst" 164

Kontakt zur Autorin: 165

Einleitung

Wer bist du wirklich?

Hier ist die Antwort: Du bist Liebe. Und du darfst gerne das Wort Liebe durch die Wörter Bewusstsein, Präsenz oder auch reines Sein ersetzen. Sie deuten alle auf das gleiche hin. Aus meiner Sicht ist das Wort Liebe einfach der schönste Ausdruck für das, was wir sind.
Liebe ist unser ureigener Wesenskern, unser wahres Selbst.
Wir alle wurden aus Liebe geschaffen. Deswegen können wir nur Liebe sein. Alles andere wäre ein Irrtum.
Vielleicht mag es dir verrückt erscheinen. Diese Reaktion wäre menschlich. Denn wir Menschen wollen mit unserem Verstand verstehen. Nur dass man Liebe mit dem Verstand nicht zu fassen bekommt. Liebe lässt sich nur erfahren. Und die Liebe, die wir sind, lässt sich nur erinnern.

Wir alle haben Sehnsucht nach der Liebe, die wir sind, auch wenn wir das (noch) nicht wahrhaben wollen. Und je größer diese Sehnsucht, vielleicht auch das eigene empfundene Leid, desto schneller beginnen wir, etwas anders zu tun als zuvor. Wir bleiben stehen, wir hören hin und wir lauschen in unser Inneres hinein. Und dann geschieht etwas Besonderes. Wir kommen im jetzigen Moment an. Wir er-innern uns.

Wir suchen alle nach Glück. Nicht immer ist uns klar, dass wir selbst für dieses Glück verantwortlich sind. Dass Glück eine Frage der Wahl ist, ja sogar einer bewussten Entscheidung bedarf.

Was bedeutet das?

Für eine Antwort dürfen wir zwei Ebenen unterscheiden.
Zunächst die Ebene des rein Menschlichen, so wie wir es erleben. Als Menschen haben wir einen Körper, mit dem wir unsere Identität verknüpfen, und es gibt gute und schmerzhafte Erfahrungen. Auf dieser Ebene erleben wir uns als potentiell verletzlich, angreifbar und schützenswürdig. In der Regel sind wir mit dieser Ebene identifiziert und haben keinen Bezug (mehr) zur zweiten und grundlegenden Ebene, die rein geistiger Natur ist

und das beschreibt, was wir in unserer Essenz sind. Reine Liebe eben. Aber Liebe kann man nicht sehen. Reines Sein auch nicht. Deswegen fällt es uns so schwer, uns mit Liebe zu identifizieren oder uns überhaupt an sie zu erinnern.
Auf dieser zweiten Ebene gibt es nur Unversehrtheit und Vollkommenheit. Nach dieser vollkommenen Glückseligkeit sehnen wir uns. Im Grunde könnte man sagen, dass wir uns nach dem sehnen, was wir sind. Und wir sehnen uns danach, weil wir vergessen haben, dass wir es sind.

Dieser Glückseligkeit oder Liebe in uns und somit der zweiten allumfassenden Ebene können wir uns mit einer inneren Haltung/Einstellung wieder annähern. Diese innere Haltung heißt „Akzeptanz", und wir können sie in der Meditation üben. Und mit praktizierter Akzeptanz schaffen wir eine Verbindung zwischen der zweiten und der ersten Ebene. Im Akzeptieren üben wir, uns selbst wieder näher zu kommen und dadurch wiederzuerkennen.

Wie machen wir das?

Wir entscheiden uns bewusst für eine Einstellung, die Ja sagt zum Leben und zu allem, was es beinhaltet.
Das erleben wir in der Regel als einfach, wenn es uns gut geht, und als schwierig, wenn wir Schmerz oder Kränkung erfahren. Dennoch ist grad in schwierigen Lebenslagen unsere Einstellung entscheidend, weil sie darüber bestimmt, wieviel inneren Frieden wir trotz allem bewahren können. Und genau deswegen suchen wir oft in schweren Phasen unseres Lebens nach neuen Möglichkeiten, wie zum Beispiel der Meditation oder der Achtsamkeitspraxis. Wir bauen Verbindung auf zur zweiten Ebene, also zu dem, was wir sind. Wir öffnen uns für eine neue (vergessene) Perspektive.

Die Umsetzung der Akzeptanz bezieht sich auf alles, was uns im Außen wie im Inneren widerfährt. Also nicht nur die vermeintlich guten oder schlechten äußeren Geschehnisse, sondern auch alle inneren Prozesse. Dazu gehören sowohl unsere Gedanken und Gefühle als auch körperliche Phänomene.

Diese bejahende Haltung wird in der Meditation praktiziert. Und meditative Geschichten können uns anleiten, im Moment anzukommen und uns dessen gewahr zu werden, was in uns abläuft. Wir beginnen, uns selbst zu beobachten und besser kennenzulernen.

Nach und nach werden wir dann vertrauter mit der Beobachtung unseres Atems, unserer Gefühle und unserer Gedanken. Und in der Folge steigen wir automatisch tiefer ein in die Beobachtung dessen, was in uns geschieht. Wir werden uns dann vielleicht gewisser Glaubenssysteme bewusst, einschränkender Gedankenmuster sowie eigener Selbstkonzepte. Das ist nicht immer angenehm. Und deswegen ist es gut, wenn wir uns in solchen Momenten wieder an die Akzeptanz erinnern, also die sanfte und gütige Haltung, die wir uns selbst gegenüber einnehmen wollten. Dies wiederum hat mit Liebe zu tun, die wir uns selbst zuteilwerden lassen.

Und so schließt sich dann der Kreis. Denn aus der Haltung der Akzeptanz entdecken wir die Liebe, die tief in unserem Inneren verweilt und nach der wir uns die ganze Zeit über gesehnt haben.

Dieser Prozess kann wie ein Wunder wirken. Weil wir erkennen, dass das Leben nichts anderes ist als ein Ausdruck der Liebe selbst.

Dieser Entwicklungsprozess ist wie das Öffnen einer Blüte tief in uns selbst. Zu dieser Blüte haben nur wir den Schlüssel. Der Samen ist längst gelegt, aber er wartet darauf, in uns selbst zur Blüte zu kommen.

Die Meditationen

Dieses Ja zu dir selbst und dem Leben schwingt in jeder der folgenden Meditationen mit. Und jede Meditation möchte dich inspirieren und dich begleiten in die Wahrheit, die du nur in dir selbst finden kannst. Und so wirst du hoffentlich immer mehr Verständnis für dich entwickeln und erkennen, was Meditation bedeutet.

Denn in der Meditation öffnest du dich für den jetzigen Moment. Du öffnest dich für das, was ist.
Und dadurch tritt eine Form von Entlastung ein. Weil du alles da sein lässt. Du hörst auf zu kämpfen.
In der Folge wird dein Geist/dein Verstand ruhig. Und dann stellt sich Frieden und ein Gefühl von Liebe automatisch ein. Denn dies alles kann nur in einem ruhigen Geist erkennbar werden.

Und so kannst du vermutlich die Erfahrung machen zu erleben, dass nur im Jetzt so etwas wie Erleuchtung stattfinden kann. Weil du dich der Wahrheit in dir zugewandt hast.

Wie du dieses Buch nutzen kannst

Es ist keine bestimmte Reihenfolge beim Lesen der Meditationen zu beachten. Wenn du noch keine oder nur wenig Erfahrung in der Selbstbeobachtung hast, könnte es empfehlenswert für dich sein, dass du die Meditation „Erinnerung" zuerst liest, weil es in dieser eher um die Anleitung zur meditativen Praxis geht.

Wenn du eine Meditation gelesen hast, dann nimm dir bitte im Anschluss ausreichend Zeit, um nachzuspüren und bewusst zu beobachten, was sie in dir bewirkt. Vielleicht spürst du Resonanz noch weit in die kommende Zeit hinein, so dass es vorteilhaft ist, nicht zu viele Meditationen auf einmal zu konsumieren, sondern sich eher für eine einzige ausreichend Zeit zu nehmen.

In vielen Meditationen wirst du erkennen, dass du mit ihnen auch außerhalb der eigentlichen Meditationszeit gut arbeiten kannst, denn sie beinhalten oft Aufgaben bzw. Anregungen, mit denen du dich im Alltag beobachten und erforschen kannst.

Zu deiner Orientierung werden die Geschichten begleitet durch die Beschreibung ihrer Bedeutung, ihrer Entstehungsgeschichte sowie Hinweisen zur Durchführung.

Hinweis in eigener Sache:

Wie du vermutlich bereits bemerkt hast, spreche ich dich mit „DU" an, obwohl wir uns vermutlich nicht persönlich kennen. Ich tue das deswegen, weil die persönliche Entwicklungsarbeit nach meiner Meinung wirkungsvoller ist, wenn eine persönliche Nähe vorhanden ist. Diese Nähe kann durch das „DU" leichter und angenehmer hergestellt werden. Das „Sie" macht es irgendwie schwieriger, so finde ich.
Eine weitere Thematik, die du hier nicht umgesetzt findest, ist die Gender Thematik. Ich bin der Meinung, dass dies den Lesefluss extrem stört. Siehe es mir also bitte nach, falls du darauf Wert legst. Es ist weder wertend noch diskriminierend von mir gemeint.

Zu guter Letzt:

Sei achtsam und behutsam mit dir. Und spüre deine Bedürfnisse. Und wenn du denkst, dass dir zusätzliche Begleitung guttun kann, dann scheue dich nicht, diese in Anspruch zu nehmen. Manchmal brauchen wir einfach jemanden, der uns bei bestimmten Themen zur Seite steht. So ist es eben.
Also sorge für dich und schenke dir das, was du brauchst, um immer mehr in den Frieden zu gelangen, der dir zusteht. Er ist dein Geburtsrecht.

Und nun hab viel Freude und gute Erkenntnisse beim Meditieren in die Wahrheit, die du nur in deinem Herzen finden kannst!

Meditation „Trau dich"

Begleitinformation:
Diese erste Meditation ist aus Anlass einer Hochzeit entstanden. Ich mag das Wort Hochzeit, weil es so wundervoll ausdrückt, was wir suchen und wo wir es finden: In einer Hohen Zeit, bestenfalls mit uns selbst, finden wir alles. Und wie schön ist es, wenn wir dieses Selbst-Wert-Gefühl mit jemand anderem teilen können. Mit einem geliebten Menschen, der ähnlich empfindet. Es ist wundervoll, wenn sich zwei Menschen bei ihrer Hochzeit versprechen, dass sie sich dabei unterstützen wollen, sich selbst zu ihrem höchsten Potenzial zu entwickeln. Wenn sie sich ganz sicher sind, dass es ihr höchstes Ziel ist, sich und den anderen in aufrichtiger Liebe zu begleiten. Und hier klingt bereits an, dass dafür Mut erforderlich ist. Denn wenn man sich entwickelt, dann wird man auch mit Schwächen konfrontiert, mit schweren Phasen, vielleicht Zweifeln, Überforderung oder Hilflosigkeit. Und wie schön ist es, wenn dann jemand da ist, der einen wieder auffängt, jemand, der Mut macht, und ein Jemand, auf den man sich bedingungslos verlassen kann. Und vielleicht ist dieser Jemand auch in dir!

Trau dich an die nun folgende Meditation. Sie führt und trägt dich.

Lasse dich ein auf eine Zeit mit dir.
Ja, du traust dich, nur mit dir zu sein.
Das ist womöglich nicht immer einfach, denn es gibt wahrscheinlich viele Momente, in denen du dich nach jemand anderem sehnst und so gar nicht alleine sein möchtest. Dann begibst du dich vielleicht auf die Suche nach Gesellschaft oder Ablenkung, um so dem Gefühl des Alleinseins zu entgehen.
Dies tust du jetzt nicht. Du entscheidest dich ganz bewusst für einen neuen Weg.
Denn du traust dich, alleine zu bleiben, bestenfalls an einem ruhigen Ort, an dem du nicht gestört wirst. Das Ungestörtsein ist das, was du suchst, und so organisierst du ganz aktiv einen Zeitraum und einen Platz der Ruhe, damit du Raum für dich selbst hast.

Traust du dich das?

Und vielleicht stellst du fest, dass es gar nicht so einfach ist, wirklich alleine zu sein, denn die Gedanken in dir lärmen so laut, dass es fast den Eindruck vermitteln mag, dass dort ganz viele sind.
Beobachte einfach das Geschehen in dir und versuche gleichzeitig, keinem Gedanken so weit zu folgen, dass du das Beobachten vergisst. Denn sehr schnell geschieht es, dass wir uns mit Gedanken und Geschichten identifizieren und so zum Hauptdarsteller des inneren Geschehens werden, ohne es zu bemerken.
Sei also achtsam.
Und immer, wenn du feststellen solltest, dass du doch mitten in einem gedanklichen Geschehen gelandet bist, löse dich von der aktiven Teilnahme und kehre auf die Position des Beobachters zurück. So schaffst du eine heilsame Distanz zwischen dir und deinen inneren Prozessen.

Atme dann bewusst tief ein und aus und schenke dir einen Moment, in dem du nur deinen Atem beobachtest. Du richtest also deinen inneren Beobachter darauf aus, dein tiefes und beständiges Ein- und Ausatmen wahrzunehmen.

Wie ruhig bist du schon geworden? Kannst du eine Veränderung feststellen?
Versuche, das Bewerten zu unterlassen, registriere lediglich, wie ruhig du jetzt bist.

Und wenn du dein eigenes Level von innerer Ruhe gefunden hast, richte deine Aufmerksamkeit auf die zwei Worte „Trau dich".
Welcher Impuls steigt als erstes in dein Bewusstsein? Achte auf den ersten aufsteigenden Gedanken und spüre nach.

Vielleicht denkst du an einen besonderen Moment in deinem Leben, an dem du über deinen Schatten gesprungen bist und damit eine Hürde überwunden hast, die du lange als unüberwindliches Hindernis gesehen hast. Vielleicht hast du es eine ganze Weile vor dir hergeschoben, aber dann hast du es getan.

Bestimmt hattest du Herzklopfen, aber als du es geschafft hattest, war pure Freude und Euphorie in dir.
Erinnerst du dich?

Vielleicht stellen sich auch andere Assoziationen bei diesen zwei Worten ein.
Es heißt „wir trauen uns", wenn wir heiraten und wenn wir bereit sind, ein Leben lang zusammen und bis zum Tod füreinander da zu sein, in guten wie in schlechten Zeiten und auch in Zeiten, in denen man sich und den anderen vielleicht gar nicht versteht.
Bedarf es für diese Entscheidung auch so viel Mut und Überwindung?

Vermutlich denkst du nein, denn es ist ja ein Ausdruck purer Liebe, wenn man sich mit dem geliebten Partner verbindet.
Ist es das wirklich?
Oder schwingt bei diesem Ereignis auch weiteres mit, worüber es sich nachzuspüren lohnt?
Wenn du magst, nimm dir einen Moment deiner Zeit, dieser Frage auf den Grund zu gehen.
Wofür bedarf es deines Mutes bei der Trauung?

Vielleicht steigen folgende Gedanken in dein Bewusstsein und sie sagen:
Ich traue mich, mich dem anderen zu öffnen.
Ich traue mich, mich dem anderen hinzugeben.
Ich traue mich, mich dem anderen verletzlich zu zeigen und mich damit verletzlich zu machen.
Ich traue mich, mich zu verpflichten, dem anderen treu zu sein und ihm zur Seite zu stehen.
Ich traue mich, dem anderen zuzuhören und ihn zu verstehen, auch wenn ich anderer Meinung bin.
Ich traue mich, dem anderen den Raum zu lassen, den er braucht, und ihm Zeit zu geben, auch dann, wenn ich ihn vielleicht brauchen sollte.
Ich traue mich, dem anderen zu sagen, was mich stört, auch auf die Gefahr hin, dass er mich nicht versteht.
Ich traue mich, dem anderen Fehler zu verzeihen und immer wieder an unserer Verbindung zu arbeiten.

Ich traue mich, meinen Weg zu gehen, auch in Lebensphasen, in denen der andere für eine Weile stehen bleibt oder einen anderen Weg einschlägt.
Ich traue mich, auf den anderen zu warten, damit eine entstandene Distanz nicht zu groß wird.
Ich traue mich, ganz ich selbst zu bleiben, auch mit dem anderen.
Ich traue mich, mir Zeit und Ruhe nur mit mir alleine zu nehmen, auch nach der Trauung.
Ich traue mich, immer wieder Neues im anderen zu entdecken.

Ich traue mich, den anderen bis an mein Lebensende zu lieben.

(längere Pause)

Vielleicht musst du ein wenig seufzen, weil dir klar geworden ist, welche Tiefe diese zwei Worte in sich bergen. Vielleicht auch, weil dir eine andere Seite bewusstwurde, die du in Beziehungen bisher nicht in den Vordergrund gestellt hast?
Vielleicht hast du dich nach einem Partner gesehnt, weil du nicht alleine sein wolltest oder Wünsche hattest, die jemand anderes für dich erfüllen sollte. Und jetzt wird dir klar, dass es ein Geben und ein Nehmen ist, wenn du dich auf jemand anderen einzulassen traust. Aber vor allem ist es ein Hingeben, die Hingabe deines ganzen Selbst an den anderen. Du machst dich sichtbar, du zeigst dich. Und vielleicht bemerkst du, dass du eine große Portion Mut benötigst, um dich zu trauen, dich mit allem, was dich ausmacht, zu zeigen. Vor allem musst du dich trauen, dich selbst zu lieben. Denn wenn du dich selbst nicht liebst, wirst du dem anderen immer ein Stück deiner selbst vorenthalten. Oder?

Nimm dir einen Moment zum Nachspüren.

Und wenn du magst, gehe dann einen Schritt weiter und trau dich mehr:

Stelle dir vor, der andere, dein geliebter Partner, bist DU!
Du sagst Ja zu dir, du verbindest dich mit dir selbst.
Würde es etwas ändern?

Traust du dich, dich dir selbst ganz zu zeigen?
Dich dir selbst ganz zu öffnen?
Dir selbst zu verzeihen, wenn du Fehler machst?
Dir selbst Zeit und Verständnis zu geben?
Dir selbst zuzuhören?
Traust du dich, auf dich selbst zuzugehen, wenn die Distanz zu dir zu groß geworden ist?
An der Beziehung zu dir zu arbeiten, damit du dich selbst nicht verlierst?
Traust du dich, dich selbst bis an dein Lebensende zu lieben, in guten wie in schlechten Zeiten?

Wenn du all diese Fragen mit Ja beantworten kannst, dann feierst du eine Hoch-Zeit mit dir selbst. Und wenn du diese hohe und innige Zeit mit dir selbst lebst, dann fühlst du dich immer vollständig, auch, wenn du alleine bist. Du fühlst dich all-eins, weil du mit allem verbunden bist. Und wenn du dann mit jemandem zusammen bist, dann ist es so, als wenn du dich selbst im anderen liebst.
Traust du dich?

Und wieder kann es sein, dass du tief durchatmen musst, vielleicht mit einem Seufzen beim Ausatmen.

Und dann traue dich auf eine ganz neue Art und Weise, die folgenden Minuten mit dir alleine zu verbringen und nachzuspüren.
Lasse dir Zeit.

Kehre erst dann in deinen Tag zurück, wenn du dich bereit dafür fühlst.
Du wirst spüren, wann dieser Moment gekommen ist.

Meditation „Erinnerung"

Begleitinformation:
In dieser Meditation wollen wir uns der Thematik der Selbst-Entwicklung annähern.
Die eigene Entwicklung gleicht einer Entdeckungsreise. Und im Wort Entdecken liegt bereits eine Ahnung, dass es nicht immer ganz leicht sein kann, die Decke anzuheben und zu lüften. Zu schwer ist sie belastet mit Vorstellungen, die wir uns von uns selbst und der Welt gemacht haben.
Wenn wir entdecken wollen, was oder wer wir sind, dann dürfen wir beginnen, uns Stück für Stück auszuwickeln. Das ist bewusste Arbeit und bedarf der Aufmerksamkeit für innere Prozesse.
So mag die Frage aufkommen, wofür sich Bewusstseinsarbeit lohnt. Wer kann sich schon vorstellen, dass das eigene Selbst das ist, wonach wir uns am meisten sehnen. Dass das Selbst das ist, was wir uns am meisten wünschen. In alten Schriften wird es als reine Glückseligkeit beschrieben. Glück würde uns wahrscheinlich schon ausreichen, das Problem ist nur, dass wir Glück grundsätzlich an irdischen Dingen festmachen, die immer vergänglich sind. Nicht nur unser Körper ist sterblich, auch alles, woran wir unsere Vorstellung von Glück hängen. Dazu zählen Erfolge, tolle Partner, Gesundheit, gutes Aussehen, angenehme Gefühle und Gedanken. Das Glück, das wir an solch irdische Dinge hängen, währt nie ewig. Partner, Eltern oder Kinder verhalten sich nicht immer so, wie wir uns das vorstellen. Schöne Gefühle sind oft schneller vergangen als wir es wahrhaben wollen. Und immer wieder passiert etwas, was uns für eine Weile ablenkt und damit weit von uns selbst entfernen kann.
Wirkliche Glückseligkeit muss ihren Ursprung woanders haben. Und damit kommen wir der Wahrheit schon ein wenig näher. Denn Glückseligkeit bringt uns dem Ewigen nahe, dem, was unsterblich ist, und dem, was wir nur im Geistigen finden, dem, was wir nur erkennen können, wenn wir bereit sind, tief in unser Inneres hinabzusteigen und dabei über manche Baumwurzel stolpern können. Wer dann wieder aufsteht und weiter geht, der hat die Möglichkeit zu erkennen, was glückselig sein ist.
Manchmal bedeutet es, sich die Baumwurzel, über die man gestolpert ist, genauer anzuschauen, damit man nicht ein weiteres Mal über sie fällt. Und so kommt man dem Glück immer näher.

Weil das Störende entfernt wird. Und wenn das Störende nicht mehr da ist, ist Glück das Einzige, was bleibt. Es ist ein Glück, das alle Ebenen durchdringt: es denkt, es fühlt, es lebt. Es ist ein Glück, über das man nicht mehr spricht, weil es nicht mit Worten beschrieben werden kann. Worte sind zu beschränkt, denn sie schließen immer etwas aus.
Das wahre Glück ist zeitlos, ewig und unwandelbar.
Das Glück ist das einzig Wirkliche. Wir sind dieses Glück. Wir dürfen uns nur wieder dessen bewusst sein (werden).
Natürlich kann der Verstand das Zeitlose, Ewige und Unbeschränkte, das ewig Wirkliche nicht fassen. Weil es viel zu abstrakt klingt. Somit müssen wir den Verstand loslassen, Urteile fallenlassen, ohne Präferenz präsent sein, uns hingeben in das, was ist, um zu erfahren, was mit Glückselig-Sein gemeint ist. Deswegen ist das Lernen durch Erfahrung zum Erkennen des Wesentlichen notwendig. Es gleicht dem Erwachen aus einem Traum.

Diesen Raum für das Lernen aus Erfahrung kannst du dir selbst eröffnen. Und dies musst du wollen. Dass du es willst, merkst du an der Sehnsucht tief in dir. Die Sehnsucht gleicht einem Ruf. Dieses Rufen möchte dir ganz sanft verkünden, dass ein großes Geschenk auf dich wartet. Wenn du dich erinnern willst.
Lass dich ein auf dieses Geschenk. Und die Meditation beginnt. Folge ihr in deinem Tempo und setze die Anweisungen so gut wie möglich um.

Verbringe die folgende Zeit nur mit dir, lies die Worte langsam und setze die Anleitung so gut es dir möglich ist um. Verurteile dich nicht, wenn deine Gedanken abschweifen oder du der Meinung bist, dass du die Anweisungen nicht so gut umsetzen kannst. Das ist normal. Mach es so gut, wie du *jetzt* kannst. Das genügt!

Nimm dir einen Moment der Stille. Das kann zuhause sein oder auch bei einem ruhigen Spaziergang. Stelle sicher, dass du nicht gestört wirst, und sei bereit, dich auf das Wort „Erinnern" einzulassen.

Beobachte dich. Beginne bei deinem Körper und nimm wahr, welche Körperreaktionen ausgelöst werden, wenn du an Erinnerung denkst.
Bleibe eine Weile in deinem Körper und beobachte Veränderungen, wo auch immer sie spürbar sind. Sei dabei nicht akribisch und vermeide es, dich unter Druck zu setzen. Das heißt nicht, dass du keinen Druck verspüren wirst. Denn es kann sein, dass Erinnern für dich bedeutet, dass du Druck empfindest. Nimm dann einfach nur wahr, wo genau du diesen Druck lokalisieren kannst. Versuche, Bewertungen zu vermeiden, auch wenn es schwer sein kann. Unsere Wahrnehmung ist voller Bewertungen, und so darf es ein Anfang sein, diese Bewertungen wahrzunehmen, ihnen aber nicht zu folgen.

Nach 5 Minuten beendest du die Fokussierung auf deinen Körper und gehst eine Ebene weiter. Du widmest dich deinen Emotionen.
Beobachte deine Gefühle. Versuche auch hier zu vermeiden, dass du irgendetwas bewertest. Lasse alle Gefühle kommen, lade sie ein, aber halte nicht an ihnen fest, und lasse sie wieder ziehen, wenn sie gehen wollen. Versuche nicht, sie mit Namen oder Begriffen zu versehen, sondern fühle eher, wie es sich in dir anfühlt. Vermeide es auch, Erklärungen finden zu wollen oder Rechtfertigungen, warum gerade diese Gefühle jetzt in dir präsent sind. Und falls es so sein sollte, dass du keine Gefühle in dir feststellen kannst, dann akzeptiere es. Vielleicht brauchen sie einfach ein wenig länger, um sich dir zu offenbaren.

Nach weiteren 5 Minuten gehst du wieder eine Ebene tiefer in dich hinein und beobachtest deine Gedanken. Das mag dir zunächst schwierig vorkommen, weil du dich noch nie von deinen Gedanken distanziert hast. Folgendes Bild kann dir helfen:
Stelle dir vor, dass du in einem Kinosessel sitzt und deine Gedanken auf der schwarzen Leinwand erscheinen. Zunächst ist es dunkel, bis du einen Gedanken auf der Leinwand aufblitzen siehst. Vielleicht bleibt er nicht lange und wird von einem neuen Gedanken abgelöst. Vielleicht ist es dazwischen auch eine kurze Weile dunkel. Achte auf diese Räume zwischen den Gedanken. Sie aufmerksam, wenn du meinst, kein Gedanke erscheine auf deiner Leinwand, denn der Gedanke „Ich habe ja gar keine Ge-

danken" ist bereits einer. Sie schleichen sich gerne durch die Hintertür herein. Verurteile dich nicht dafür, wenn du dies alles als schwierig empfindest. Wenn du feststellst, dass du dich verurteilst, richte deine Aufmerksamkeit einfach wieder auf diese Übung in dem Wissen, dass der Prozess des Beurteilens auch nur einen Gedanken beinhaltet.

Nimm dir insgesamt 15 Minuten Zeit für diese Meditation.

Beende dann deine innere Ausrichtung und bleibe eine Weile in Stille, so ruhig wie möglich.

Erlaube dir weitere Minuten im Anschluss, um deine Erkenntnisse zu sortieren und alles Wichtige auf eine Art und Weise festzuhalten, die dir entspricht. Du kannst dies schriftlich tun oder dich mit einem Menschen austauschen, wenn du dies als hilfreich erachtest.

Meditation „Entdeckung"

Begleitinformation:
Für diese Meditation kannst du auch die Begleitinformation der Meditation „Erinnerung" lesen. Denn sie beinhaltet recht viel an Information.
In dieser Meditation liegt im Vergleich zur Meditation „Erinnerung" der Fokus noch intensiver auf den Momenten, in denen kein Gedanke und kein Gefühl spürbar ist. Es sind Momente, in denen lediglich reine Leere da ist, auch wenn diese Leere nicht lange anhalten mag. Es sind kostbare Momente, weil wir in diesen Augenblicken einen Hauch von Ewigkeit spüren, weil wir in diesen Augenblicken in Berührung kommen mit dem, was wir sind: reine Liebe, Glückseligkeit, ewiges Einssein und Bewusstsein. Und auch, wenn wir danach wieder beginnen, Gedanken zu verfolgen oder uns auch ganz in ihnen verlieren können, wissen wir doch, dass wir uns wieder lösen können und uns nicht mehr im Gedankenkarussell verstricken müssen. Wir können uns lösen, indem wir uns besinnen auf die Leere in uns, auf der sich das Leben selbst in Szene setzt.

Folge der Meditation und den inneren Prozessen, die sie in dir auslöst. Fühle dich frei und vertraue darauf, dass alles richtig und gut ist, so wie es sich für dich ereignet.

Schließe die Augen, wenn du magst und dich bereit dafür fühlst. Vielleicht hörst du bereits in diesen ersten Worten die Einladung an dich, dich zu jeder Zeit frei entscheiden zu dürfen für das, was dir guttut. Das erfordert natürlich, dass du dir dessen bewusst bist und weißt, was du brauchst und was vielleicht auch nicht. Und manchmal kann das, was andere dir anbieten zu tun, auch das sein, was du am meisten brauchst, um dich deiner selbst zu nähern.
Einfach mal die Kontrolle, ja sogar die Führung, abzugeben, heißt, sich fallenzulassen. Tief in dich hinein. Und damit auch tief hinein in das Leben, das du bist. Einfach so, auch ohne, dass du genau weißt, wo du aufkommen wirst und wie es dort aussehen und sich anfühlen kann.

Spüre nach, ob du dich diesem Geführt werden anvertrauen magst. Auch einfach deswegen, weil du eben noch nicht genau weißt, wohin es dich führen wird und dich trotz allem eine gewisse Neugier dazu drängt!

Magst du?

Dann folge einfach weiter und lausche gleichzeitig in dich hinein. Spüre nach, was folgende Worte in dir auslösen:

„Erkenne dich selbst. Schau in dich hinein, um das Wunder zu finden, das du bist."

Vielleicht zweifelst du daran, dass du ein Wunder bist, vielleicht zweifelst du sogar daran, dass du dieses Wunder in dir finden könntest.
Das darf sein.
Vielleicht sind auch andere Gefühle in dir.
Vielleicht auch keine.
Spüre einfach nach, was genau in dir wahrnehmbar ist. Dafür tauchst du zunächst in deinen Körper ein und überprüfst, wie er sich anfühlt. Vielleicht spürst du an unterschiedlichen Stellen Anspannung, vielleicht Entspannung, Ruhe oder Unruhe, Wärme oder Kälte. Alles darf sein. Erlaube es dir. Spüre ohne festzuhalten, beobachte ohne zu bewerten. Lass einfach alles sein, wie es ist. Nimm dir Zeit dafür.

Nach einer Weile gehst du dazu über, deine Gefühle zu beobachten, wie sie kommen und wie sie gehen.
Vielleicht bleiben einige länger, andere dagegen sind kaum fühlbar.
Manche erscheinen vielleicht schnell und sind sofort greifbar, andere zeigen sich dagegen erst ein wenig später. Das ist ok.
Lass alles, wie es ist. Beobachte weiter.

Vielleicht entstehen in dir auch Gedanken, die der oben genannte Satz in dir ausgelöst hat und die du für eine kleine Weile anschauen magst. Auch diese Gedanken beobachtest du einfach, ohne ihnen lange zu folgen.

Lass einfach alles an dir vorüberziehen, ohne irgendeinem Gefühl oder Gedanken besondere Aufmerksamkeit zu schenken.

Es kann sein, dass ein Teil in dir denken mag, dass es anstrengend ist, dies alles zu tun, doch ein anderer Teil in dir wird längst sicher sein, dass es dir guttut.

Und wie von selbst gleitest du in eine innere Ruhe hinein, die sich vielleicht ungewohnt anfühlen mag. Denn sie kann tiefer als sonst sein, auch wenn du vielleicht schon mal Zeiten der Ruhe in deinen Meditationen erfahren hast. Neu kann sein, dass diese tiefe Ruhe oder ruhige Tiefe eine Leere im Schlepptau hat, mit der du dich bisher nicht konfrontiert gesehen hast. Spürst du sie? Und gerade, weil sie dir ein wenig unvertraut erscheinen mag, fordert sie dich auf, sich mit ihr zu beschäftigen, genauer hinzuschauen und vielleicht etwas zu entdecken, was diese Leere zunächst zu verbergen scheint.
Magst du genau hinschauen und nachspüren?

(Wenn nicht, bleibe hier und spüre in dich hinein, so lange es dir gut tut. Du kannst ein anderes Mal weiterlesen, wenn du magst)

Stelle dir dann vor, dass diese Leere wie ein leeres weißes Blatt Papier aussieht. Einfach weiß ist dieses Blatt, sonst ist nichts zu sehen.
In deinem wirklichen Leben würdest du vielleicht sofort einen Stift in die Hand nehmen, um dieses Blatt zu bemalen oder zu beschreiben, aber dieser Impuls ist jetzt nicht da. Zu attraktiv scheint dir dieses weiße leere Blatt zu sein.
Für einen Moment schaust du direkt in diese weiße Leere. Du versinkst in ihr.

Und für einen Moment vergisst du, wer du bist.
Selbst *du* bist leer.

Wie fühlt es sich für dich an, dieses Leer?
Spüre noch genauer nach.
Fühlt es sich gut an?

Es könnte jetzt möglich sein, dass du dich entspannt und sogar glücklich fühlst. Vielleicht ist dieses Glück noch nicht deutlich spürbar, aber wenn du dich genauer darauf besinnst, dann könnte es wahrnehmbar sein, oder?

Das Glück entsteht aus der Tiefe in dir.
Und es wird größer. Als wenn aus der Tiefe in dir immer mehr Glück nach oben sprudeln darf. Nur für dich. Erlaube dir, es zuzulassen.

Und nimm dir dann Zeit, um diesem Gefühl Raum zu geben, ja vielleicht sogar in diesem Gefühl zu baden. Du schwimmst dann einfach für einen Moment lang in diesem deinem Meer von Glück.

(Pause)

Vielleicht kann folgende Erkenntnis für dich in Worte fassen, was du womöglich erfahren hast:
Ohne es beabsichtigt zu haben, hast du dich von dem gelöst, woran du bis eben noch deine Identität gekoppelt hast. Dein Name, dein Beruf, die gesellschaftliche Stellung, deine Erfolge, deine Hobbys, dein Tagesplan, dein Charakter, deine Persönlichkeit. All das hat für einen Moment keine Rolle gespielt. Du warst lediglich reines Sein, Wohlgefühl, Glück, weit mehr. Und irgendwie bist du es noch immer. Und es erinnert dich an etwas, was du nicht beschreiben kannst. Es fühlt sich an wie eine tiefe Sicherheit, die etwas bietet, was auf einem weißen Blatt Papier so schnell nicht zu entdecken ist. Was aber trotzdem da ist.
ES lässt dich leben, es lässt dich sein, es lässt dich Glück empfinden.

Und für einen Moment weißt du:
Du bist das. *DU* bist dieses Glück.

Bisweilen legst du etwas anderes darüber. Es ist dann so, als wenn du dieses weiße Blatt Papier beschreibst. In der Folge kann es geschehen, dass du nur darauf achtest, was dort geschrieben steht und nicht mehr auf das, was unbeschrieben in dieser weißen Leere verborgen liegt.

Jetzt weißt du, was dort verborgen ist.
Und auch wenn es sein kann, dass du es für eine Zeit lang wieder völlig vergisst, gibt es einen Teil in dir, der sich jederzeit dessen bewusst ist und dich daran erinnern kann.

Du hast es entdeckt.
Und das, was du entdeckt hast, bist du. Du selbst, der du warst, der du bist und der du ewig bleiben wirst.
Reines Glück, reines Sein, reine inhaltsvolle Leere.

Amte durch und verweile für eine längere Weile in der Beobachtung deiner Selbst.

Versuche, so lange wie möglich in dieser Schwingung zu bleiben, und nimm dann mit, was du behalten kannst.
Lasse dir Zeit, ehe du in deinen Alltag zurückkehrst.

Und vielleicht wird dich jedes Blatt Papier, beschrieben oder leer, an diese Erkenntnisse erinnern können.

Meditationsgeschichte „Das Aufwachen"

Begleitinformation:
Das Wachsein im spirituellen Sinne ist etwas anderes als das, was wir üblicherweise als Wachzustand bezeichnen. Wenn wir nicht im Bett liegen und schlafen, sind wir wach, so meinen wir zumindest. Mit wirklichem Wach-Sein ist jedoch etwas anderes gemeint. Es bedeutet, dass wir uns dessen bewusst sind, wer wir sind. Also uns unseres wahren Selbst bewusst sind. Dafür müssen wir erwachen, im wirklichen Sinne. Wenn wir erwachen, erkennen wir all die Illusionen, die wir bis dahin für wirklich gehalten haben, als Täuschung. Wir sind verbunden mit der Liebe, die wir sind.
Die Annäherung an diesen Prozess beschreibt die folgende Meditationsgeschichte. Und bestimmt hast du bereits ähnliche Erfahrungen gemacht wie die, die in der Geschichte beschrieben werden. Sicher hast du nachts schonmal einen Traum gehabt, der dich bis in den Tag hinein begleitet hat. Die gefühlsmäßige Schwingung des Traumes hat sich gehalten, und fast hat es sich angefühlt, als wenn du den Traum wirklich erlebt hättest. Und dabei war es nur ein Traum, dachtest du.
Vielleicht magst du dich öffnen für die Vorstellung, dass alles, was geschieht, ein Traum sein kann, bis wir erkennen, wer wir wirklich sind. Denn dann sind wir erwacht. Und sehen klar.

Die folgende Geschichte beginnt ohne Einführung in eine meditative Haltung. Folge ihr einfach oder nimm dir, wenn nötig, einen Moment Zeit für deine persönliche Einstimmung und für das Herstellung von Ungestörtheit.

Es ist noch früh am Morgen.
Die Vögel haben ihr morgendliches Konzert schon angestimmt und sorgen dafür, dass du mit ihnen aufstehst.
Du bist so ein Vogel-Mensch, gerade im Sommer gehst du mit den Vögeln schlafen und stehst morgens wieder mit ihnen auf.
Eine besondere Energie hat dieser frühe Zeitpunkt des Tages. Außer den Vögeln ist nichts zu hören von den Geräuschen, die den Alltag prägen. Und doch ist diese Stille eine andere als die Stille des Abends. Am Morgen wirkt sie wie reine Frische, am

Abend ist die Stille eher ruhiger und tragend. Sie wirkt dann entspannend auf dich und hat die Kraft, dich in die Tiefe der Traumlandschaft zu ziehen.
Aus dieser kommst du gerade, geleitet von den Schwingen der Vogelstimmen-Melodien. Ein Teil von dir scheint noch im Traum zu hängen, ein anderer ist schon wach und hört dem Gezwitscher zu.

Kann man gleichzeitig träumen und wach sein?

Du gehst zurück in deinen Traum.
Du kannst dich gut an die Gefühle erinnern, die die Traumbilder in dir ausgelöst haben. Es war ein schöner Traum. In diesem Traum hast du dein Leben genossen, und die Frage, ob er wirklich ist oder nicht, hat sich nicht gestellt. Natürlich war er wirklich für dich, sonst hättest du ja nicht solche intensiven Gefühle erleben können.
Oder?

Ein Teil in dir zweifelt.
Schließlich hast du ja die ganze Zeit im Bett gelegen, dein Körper war also nicht wirklich dabei.
Oder doch?
Du hast dich bewegt, bist gelaufen, gesprungen, du hast einen geliebten Menschen umarmt, hast Innigkeit gespürt.

Und wieder hörst du die Vögel.
Du spürst deinen Körper im Bett liegen.
Du räkelst und streckst dich. Energie und Kraft fließen durch deinen Körper.
Und immer noch sind die Gefühle spürbar, die dich aus der Traumwelt begleitet haben.

Ein weiteres gesellt sich dazu. Du würdest es Bedauern nennen, weil das, was du geträumt hast, viel schöner war als das, was du zurzeit in deinem wirklichen Leben erfährst. Am liebsten würdest du tauschen. Dann würdest du einfach in der Traumwelt bleiben, und dein jetziges Leben würde zum Traum werden. Aus dem könntest du dann erwachen und dankbar sein, dass es eben nur ein Traum gewesen ist.

Eigentlich eine gute Idee.

Du spinnst diesen gedanklichen Faden weiter und denkst über dein Leben nach.
Im Rückblick scheint alles wie ein Traum zu sein. Du erinnerst dich an Bilder aus deiner Kindheit, an wunderschöne und traurige Erlebnisse, an Erfolge, die du in der Schule gefeiert hast, an deine erste große Liebe, an die Enttäuschung, als sie zu Ende war, an den ersten Tag deiner Berufstätigkeit, und an das besondere Gefühl, ein Kind kurz nach der Geburt im Arm zu haben.

Liebe durchströmt dich.

Ist sie jetzt wirklicher als die Liebe, die durch den Traum der Nacht in dir ausgelöst wurde?

Alles sind Bilder aus unterschiedlichen Bewusstseinszuständen.

Was ist denn nun wirklich? Und was nicht?

Diese Fragen kannst du nicht sicher beantworten.

Vielleicht ist das Leben wie ein Kinofilm. Du schaust einfach zur Leinwand deines Lebens und siehst in den einzelnen Szenen unterschiedliche Aspekte oder Facetten von „einem großen Leben". Du spielst unterschiedliche Rollen in einem Film. Und dann legst du sie wieder ab, und vielleicht schlüpfst du zur passenden Zeit in die nächste Rolle.

Welche Rolle möchtest DU jetzt spielen?

Wie wäre es, wenn du dir eine aussuchen könntest für den heutigen Tag?
Wäre sie dann wirklicher als ein Traum oder ein Film oder dein Leben, wie es bisher war?

Wer schaut überhaupt den Film, wenn du die Rollen spielst?

Was ist *wirklich* wirklich?

Du schließt deine Augen am frühen Morgen. Es ist, als wenn du noch träumst, und dabei bist du längst aufgewacht. ....

Meditationsgeschichte
„Der Traum der Seele"

Begleitinformation:
In dieser Meditation geht es um das Träumen und den eigentlichen Sinn dahinter. Was lässt uns in Tagträume versinken? Was lässt uns wunderschöne Momente in unserem Geist kreieren? Wonach sehnen wir uns wirklich? Und was ist der eigentliche Grund dafür, dass wir immer wieder bestimmte Orte aufsuchen oder Situationen wiederholen wollen, in denen wir uns gut gefühlt haben?
Antwort: Das Gefühl, das bestimmte Situationen in uns wachrufen, erinnert uns an die Glückseligkeit in uns, nach der wir uns sehnen und die wir verloren zu haben glauben.
Wir verwechseln nur die Situation mit dem Gefühl und wollen dann diese bestimmte Situation immer wieder erleben, anstelle einfach die gefühlte Gewissheit, wer wir sind, in uns selbst wachzurufen. Und doch können uns diese für uns wichtigen Situationen Gewissheit geben, dass die Seligkeit in uns ist und nur darauf wartet, dass wir uns an sie erinnern. Wenn wir uns dann erinnern, brauchen wir nichts mehr im Außen, weil wir zu jederzeit das Gefühl als Erinnerung in uns wachrufen können.

Die Meditation greift diese Thematik auf. Folge ihr langsam und in einem für dich angemessenen Tempo. Erlaube dir, deinen eigenen inneren Prozessen nachzugehen, wenn die angebotenen Prozesse dir nicht zu entsprechen scheinen.

Erlaube dir, wenn du magst, dich in den nächsten Minuten einem deiner liebsten Träume hinzugeben.

Schließe dafür deine Augen und nimm mehrere bewusste und tiefe Atemzüge. Lass dich dann mit der Hilfe deines Atems hinabgleiten in den Traum, den du womöglich schon viele Male innerlich geträumt hast. Er führt dich zu einem inneren Ort, an dem alles für einen Moment lang stimmig ist, wo alles schön ist, wo sich alles gut anfühlt, wo kein Problem zu lösen ist, wo du dich entspannt zurücklehnen und einfach nur genießen kannst.

Vielleicht sieht dieser Ort für dich anders aus als für andere Menschen, aber jeder von uns kennt diesen einen inneren Traum- Ort, der auf seine ganz eigene Art einen kleinen Zauber von Paradies verströmt. Du sicher auch!
Lass diesen Ort vor deinem inneren Auge erscheinen. Jetzt.
Und nimm dir Zeit, um in deinem Tempo dort anzukommen.
Genieße diesen Ort für eine kleine lange Weile.

Klappt es?

Vielleicht bemerkst du, dass dieser Moment des Paradiesischen schnell vorbei geht und der Alltag oder die vermeintliche Realität sich in dein Bewusstsein schleicht. Und genau wie eine Seifenblase zerplatzt und der zauberhafte Moment der glitzernden Schönheit ein jähes Ende findet, empfindest du vielleicht diesen Verlust des Glücksgefühls als so schmerzhaft, dass du dich erneut auf die Suche begibst nach dem Ort, der zumindest in deinem Traum unendlich schön erscheint.

Versuche, deinen Ort erneut aufzusuchen und in ihm zu verweilen.

Spüre dann folgender Frage nach:

Was genau ist es, was diesen Ort für dich so besonders macht?

Nimm dir genug Zeit, um nachzuspüren. Und versuche nicht, nach Antworten zu fahnden, sondern eher, die Frage in dir wirken zu lassen. Vielleicht entsteht ein Raum von Leere, der erst nach einer Weile Antworten hervorbringen mag.

Es kann sein, dass in dieser Leere erst einmal nichts zu finden ist, scheinbar zumindest, denn in einem Nichts kann so viel sein, dass es Alles (ver-)bergen kann.
Versuche auch nicht, eine Spur zu entdecken, denn vielleicht zeigt sich die Spur nur dann, wenn du jegliche Aktivität aufgibst. Erlaube es dir.

Vielleicht mag es dir eine Hilfe sein, wenn du jetzt noch einmal der Frage nachspürst, was in dir ein Gefühl von Glück oder un-

endlichem Frieden auslösen kann: Manchmal ist es ein Erfolg, manchmal ein wunderschöner Sonnenuntergang, manchmal ein unverhoffter Sieg, manchmal der Besuch eines ersehnten Menschen.
Und versetze dich noch einmal ganz bewusst und intensiv in einen dieser Momente und fühle es so, als wenn es jetzt so wäre.

Was ist das Schönste daran? Spüre genau hin. In jede einzelne Millisekunde.

In diesen klitzekleinen Momenten, die für Sekundenbruchteile unendlich wirken, empfindest du nichts anderes als Glück. Oder?

Vermutlich sagst du ja.

Und vielleicht wird dir jetzt klar, dass es gar nicht die jeweiligen Ereignisse sind, nach denen du dich sehnst, sondern dass es das Glücksgefühl ist, das durch diese Ereignisse in dir ausgelöst wird.
Oder?

Vielleicht magst du der Erkenntnis nachspüren, dass die Suche im Außen so ermüdend ist, weil sie nie zu bleibendem Erfolg führt. Alle Ereignisse, alle erreichten Ziele, alles auf dieser Welt ist vergänglich. Das Glücksgefühl ist oft so kurz, dass es nicht einmal zum Festhalten reicht. Und so kreieren wir immer wieder neue Träume aus dem Wunsch heraus, das Glück für einen Moment länger halten zu können. Und dennoch zerplatzt die Seifenblase, und die Glücks- Suche beginnt von Neuem.
Das Einzige, was dann noch übrigbleibt, ist die Möglichkeit, die Verbindung zu lösen, nämlich die vermeintliche Verbindung von Ereignissen im Außen mit dem ersehnten Glücksgefühl im Inneren. Dann wäre das Glück unabhängig von allem.
Kannst du das nachvollziehen?

Spüre nach.

Und erlaube dir dann, dich nun ein Stück weit von der Welt und allem, was sie zu bieten hat, zu lösen und dich auf die Suche nach Glück in deinem Inneren zu begeben.
Du suchst einfach die Glückseligkeit in dir und folgst damit dem Ruf deiner Seele, die in deinem Herzen zuhause ist. Sie kennt den Weg. Magst du ihr folgen?

Wenn du magst, nimm dir jetzt die Zeit, um dich auf das Gefühl von Glückseligkeit, das nur in deinem Inneren ewig währt, einzuschwingen.
Versuche es.
Hab Vertrauen!
Und wenn es für dich leichter ist, dann besinne dich wiederum auf deinen liebsten Traum, dem du vielleicht immer noch nachhängst und der für dich wichtig ist, um dieses unbeschreibliche Glücksgefühl in dir wachzurufen.

Wie auch immer du das Glück jetzt in dir aktivierst, bleibe in ihm, so lange du es halten kannst.

Und vielleicht gelingt es dir nach und nach besser, dies in deinem Alltag zu aktivieren und dich darin zu üben, das Glück in deinem Inneren abrufen zu können.
...

Nimm dir ausreichend Zeit und komme langsam wieder bewusst zu dir, so dass du gut bewahren kannst, was du eben erfahren hast.

Meditation „Dein Rucksack"

Begleitinformation:
Die Überschrift mag schon darauf hindeuten, dass wir fast alle etwas mit uns herumschleppen, was nicht förderlich für uns ist. In der Regel sind es Glaubenssätze über uns, in denen wir uns selbst klein reden oder schlecht denken. Diese Sätze heißen nicht umsonst Glaubenssätze. Wir glauben an das, was wir denken. Das bedeutet allerdings nicht, dass wir diesen Mustern hilflos ausgeliefert sind. Denn wenn wir glauben, was wir denken, können wir sowohl beeinflussen, was wir denken, als auch überprüfen, was wir glauben. Doch müssen wir uns anschauen, was wir denken, und uns dann fragen, ob wir das (noch) glauben wollen. Dann können wir sogar neu entscheiden, was wir denn stattdessen lieber denken würden. Und wir können das, was uns nicht mehr dienlich ist, verabschieden und wegtun. Anders ausgedrückt: Wir erlauben uns, uns selbst neu zu denken. Und das hat mit Größe zu tun. Wir erlauben uns, in die Größe hineinzuwachsen, die wir sind. Dabei können wir uns helfen lassen, und wenn es nur die Hilfe der Vergebung ist, die wir in Anspruch nehmen, wie es in dieser Meditation angeboten wird.

Nutze die Meditation auch als Gelegenheit für eine praktische Umsetzung im Anschluss.

Schließe deine Augen, wenn du dich bereit dafür fühlst. Es ist nicht schlimm, wenn du diese Bereitschaft noch nicht spüren kannst. Lass dir einfach die Zeit, die du brauchst.

Und auch wenn du denken magst, dass du noch nicht so weit bist, kann du dich dennoch dafür entscheiden, jetzt auf nichts anderes mehr zu achten als auf dieses geschriebene Wort, das dich führen möchte. Und dann wird es wie selbstverständlich sein, dass du nichts anderes mehr wahrnehmen magst, und damit ganz bei dir und der Meditation ankommst.

Das Wort „Meditation" besagt viel. Denn das Ziel jeder Meditation ist es, dich in deine innere Mitte zu führen. Denn nur aus der

inneren Mitte heraus kannst du das Leben mit Freude betrachten und erleben.
Vielleicht stutzt du ein wenig, weil du dich fragst, ob du ein Gefühl für dein inneres Zentrum hast. Vielleicht auch, ob du die Freude empfindest, die das Leben doch eigentlich haben sollte. Lass dich ein auf deine Gefühle, wie auch immer sie sich jetzt bei dir bemerkbar machen.
Gefühle sind gut, denn sie führen dich zu der Frage, ob du in Anbindung zu dir bist oder das Gefühl für dich selbst verloren hast. Scheinbar zumindest. Denn eigentlich können wir uns nie vollständig verlieren. Wir denken dies bisweilen nur. Wir denken es sogar so intensiv und glaubhaft, dass wir vergessen können, dieses Denken jemals wieder zu hinterfragen.
Kennst du das von dir?
Spüre einfach in dir nach.
Dabei ist es egal, was du spürst. Viel wichtiger ist, dass du dich wahrnimmst mit allem, was wahrnehmbar ist. Dein Körper hilft dir dabei.
Denn jedes Mal, wenn dir dein Körper signalisiert, dass er keine Freude oder Zufriedenheit empfindet, darfst du dies als Hinweis nehmen und vielleicht wieder mehr Verbindung mit dir selbst aufbauen.
Prüfe das einfach für dich.
Ist alles harmonisch und in Ordnung bei dir?

Nimm dir Zeit, um genau nachzuspüren.

Vielleicht ziehen dich deine Gedanken weit weg von dir und hinein in deinen Familien- und Freundeskreis. Vielleicht sogar in die ganze Welt?
Stelle es einfach nur fest.
Atme durch.
Und kehre gegebenenfalls wieder zu dir zurück. Denn nur in uns selbst können wir für Frieden und Harmonie sorgen. Und für Liebe. Und damit haben wir erst einmal genug zu tun.

Besinne dich auf die Liebe, wenn du magst.
Und versuche dir vorzustellen, dass du Liebe in dir spüren kannst und sich diese Liebe in dir ausdehnt.
Nimm dir Zeit dafür. Probiere es.

Vielleicht fällt es dir schwer, dich auf die Liebe zu besinnen, vielleicht fühlst du dich sogar überfordert, weil es plötzlich von dir abhängt, für dieses Gefühl zu sorgen.
Spüre dies.
Lass Bewertungen, die auftauchen, unbeachtet, egal, was du fühlst.

Vielleicht ist es auch so, dass einige Gedanken in dein Bewusstsein gerückt sind, die du nicht so magst. Die meisten werden dir allerdings vertraut sein. Sie begleiten dich wahrscheinlich schon recht lange. Und vielleicht sind sie unangenehm, weil sie so etwas sagen wie:
„Das kann ich nicht schaffen"
„Ich bekomme es einfach nicht hin"
„Ich bin nicht gut genug"
„Ich bin nicht liebenswert"
„Ich habe es nicht verdient, glücklich zu sein"
Kennst du solche Gedanken?

Wie auch immer sie sich bei dir zeigen, solche Gedanken heißen Glaubenssätze, weil wir sie glauben, auch wenn wir sie eigentlich nicht glauben wollen.
Diese Glaubenssätze hindern uns daran, wirklich glücklich und voller Freude das Leben zu erfahren. Denn sie lassen uns oft ohnmächtig und hilflos zurück.

Möchtest du hilflos sein?
Möchtest du solche Gedanken weiterhin behalten, womöglich an ihnen festhalten, weil du sie für richtig hältst?

Vermutlich sagst du NEIN.
Überprüfe deine Meinung.

Vielleicht stutzt du jetzt wieder für einen klitzekleinen Moment, und das ist gut. Denn du wirst bemerkt haben, dass eine Entscheidung gefragt ist, die mit Verantwortung zu tun hat.

Denn du allein bist für dein Glück verantwortlich!
Du bist verantwortlich für das Maß an Freude, mit der du das Leben lebst!

Und du bist auch dafür verantwortlich, in wieweit du bereit bist, dich auf Liebe einzulassen. Auf die Liebe, die du verdient hast, auch wenn du es noch nicht glauben kannst.

Atme wieder durch. Und atme alles hinaus, was sich schwer anfühlt.
Lass dir Zeit.
Aber bleibe dran. Gib nicht auf!

Vielleicht hast du eben Druck auf deinen Schultern gespürt. Wie eine Last, die du mit dir herumschleppst. Vielleicht fühlst du diesen Druck sogar in deinem Brustkorb.

Dein Körper weist dich auf etwas hin, was der Freude im Wege steht. Er möchte keine Last tragen, die das Leben beschwerlich macht. Verstehst du das?
Und du bist derjenige, der es in der Hand hat, diese Last abzulegen. Weißt du das?

Wenn du magst, dann ergreife jetzt die Gelegenheit.
Packe einen Rucksack. Dort tust du alle Gedanken hinein, die sich nicht gut anfühlen. Die dich in deinem Werte-Gefühl beeinträchtigen. Die dich ohnmächtig fühlen lassen. Die dir die Freude nehmen. Die dich das Leben nicht genießen lassen. Die der Liebe im Wege stehen.
All diese Gedanken haben eines gemeinsam und daran wirst du sie erkennen: Sie fühlen sich schwer an und *Du* hast sie geglaubt! Bis jetzt. Denn du möchtest sie nicht mehr glauben. Dessen bist du dir jetzt sicher.

Und deswegen fass dir ein Herz und packe sie alle in diesen Rucksack. Er erscheint jetzt vor deinen inneren Augen. Vielleicht liegen sogar kleine Zettelchen und ein Stift in ihm, damit du die Glaubenssätze aufschreiben und dann hineinlegen kannst. Schau nach! Und beginne jetzt!
Vielleicht dauert es eine Weile.
Du wirst wissen, wann du fertig bist. Denn dann wird es sich leichter auf deinen Schultern anfühlen.
(Pause)

Wenn du fertig bist, schaue ihn an, deinen Rucksack. Stelle ihn mit Abstand vor dich hin.
Was fühlst du, wenn du ihn jetzt vor dir siehst?

Ist es dir möglich, deinen Rucksack mit Liebe anzusehen?

Ist es dir möglich, dich mit Dankbarkeit zu verabschieden von dem, was du so lange geglaubt hast und was jetzt im Rucksack fest verstaut ist? Oder hält dich noch etwas fest?
Spüre genau hin!
Vielleicht scheint es dir unvorstellbar, ohne diese Glaubenssätze zu sein.
Erlaube dir alle deine Gefühle und Gedanken.
Und vielleicht stellst du sogar fest, dass du deinen Rucksack noch einmal öffnen möchtest, weil du einen weiteren Gedanken identifiziert hast, der dir nicht guttut. Das ist in Ordnung!
Sei gut zu dir!

Womöglich scheint es dir noch fremd zu sein, dir selbst gut zu tun. Zu eingefahren mögen die gewohnten Muster sein, in denen du dich kleinmachst, dir nichts zutraust oder negativen Gedanken nachhängst.

Wenn dies so ist, schau dir die folgenden Sätze an und spüre nach, ob sie dir für einen bewussten Akt des Verzeihens dienlich sein können:

„Es tut mir leid, dass ich so lange geglaubt habe, dass ich nichts kann und nichts wert bin.
Es tut mir leid, dass ich mich so oft von äußeren Umständen oder der Wertschätzung anderer Menschen abhängig gemacht habe. Es tut mir leid!
Ich bin jetzt bereit, damit aufzuhören.
Ich bin bereit, mich ab sofort gut zu behandeln, indem ich gut von mir denke, mich ermutige und mir Fehler verzeihe.
Ich bin bereit, für mein Glück und mein geistiges Wohlergehen zu sorgen, indem ich Verantwortung für mich selbst übernehme. Und das will ich. Ich werde es umsetzen, indem ich mich so oft wie möglich daran erinnere, dass nur Glück und Freude für mich vorgesehen sind.

Und das Wichtigste ist, dass ich mir auch Unvollkommenheiten nachsehen will, weil ich weiß, dass ich immer und zu jeder Zeit mein Bestes gebe."

Spreche diese Sätze innerlich aus und spüre nach.

Und wenn du so weit bist, entscheide dich bewusst dafür, deinen Rucksack zu verabschieden. Und damit alles abzugeben, was du bisher geglaubt hast.
Vielleicht spürst du noch ein wenig die Schwere dieser Entscheidung. Denn du selbst bist es jetzt, der für dich und deine Lebensfreude Verantwortung übernimmt.
Lebensfreude beginnt in deinem Geist. Liebe auch.
Und das, was du denkst, beeinflusst die Welt, die du siehst, und die Freude, die du im Leben empfindest.
Erinnere dich an die Liebe, die in dir verweilt, und an das Glück, das von dir gelebt werden möchte. Immer wieder.

Atme ein letztes Mal durch. Entspanne dich noch für eine Weile, deren Dauer du bestimmst. Und kehre langsam wieder zurück, in deine Zeit und in den Raum, in dem du dich befindest.
Nimm mit in deinen Alltag, was du mitnehmen möchtest.

Meditation „Das Wesentliche"

Begleitinformation:
Die Frage nach dem Wesen an sich wird sowohl in der Yoga-Philosophie als auch in der spirituellen Psychologie immer wieder gestellt:

„Wer bist du, wenn alle Rollen wegfallen?"
„Was bleibt, wenn du all das aufgibst, mit dem du dich identifizierst?"
„Wie wäre es, wenn du dich mit der Liebe, die du bist, identifizierst?"

Ziel dieser Fragen ist es, sich dem Wesentlichen in sich selbst zu nähern, sogar zuzulassen, dass es mehr gibt als die Welt der relativen, also vergänglichen Erscheinungen. Das Wesen hinter all diesen Erscheinungen zu entdecken bedeutet natürlich, sich zu öffnen für die Möglichkeit, dass es etwas gibt, was mit den irdischen Augen nicht zu sehen, mit den Ohren nicht zu hören und mit den Händen nicht zu greifen ist. Es ist wie hinter die Kulissen zu schauen und plötzlich eine andere Welt zu sehen.
In unserem Vokabular würden wir vermutlich sagen, „Ich schaue mal, was hinter der Fassade zu finden ist".
In der spirituellen Sprache wird eher formuliert: „Werde dir all deiner Hüllen bewusst, die du über deine wahre Identität gestülpt hast."
In der psychologischen Sprache wird es so ausgedrückt: „An welchen Glaubenssätzen hältst du noch fest?" oder „Mit welchem Selbstbild identifizierst du dich?" oder „Welches Bild möchtest du nach außen abgeben?"
Wie auch immer es formuliert wird, ein persönliches Ziel darf es sein, sich mit dem Wesentlichen zu beschäftigen und sich einzulassen auf die Idee, dass wir mehr sind als Form, Körper, Gedanken und selbstgemachte Vorstellungen von der Welt und von uns selbst. Auf dem Weg hin zu dieser Erkenntnis müssen wir uns die Fassade anschauen, die wir errichtet haben, und uns fragen, warum wir das getan haben.

Entspanne dich und sorge für eine ungestörte Zeit, damit du dich voll und ganz auf diese Meditation einlassen kannst.

Stelle dich darauf ein, dass die Meditation mit einer Frage und ohne weitere Einleitung beginnt.

Was ist hinter deiner Fassade verborgen?
Gibt es dort etwas zu entdecken?

Vielleicht wird dir ein wenig mulmig zumute, wenn du diese Fragen hörst, dich eventuell sogar aufgefordert fühlst, sie beantworten zu müssen.
Es mag sein, dass es manches gibt, was du keinem anderen zeigen, nicht mal dir selbst wirklich eingestehen möchtest. Denn immer, wenn es in dein Bewusstsein rückt, versuchst du, es wieder zur Seite zu schieben. Zu unangenehm kann es sich anfühlen.
Kennst du das?

Sicherlich wirst auch du in bestimmten Situationen eine Fassade aufbauen. Immer dann, wenn du nur einen bestimmten Teil von dir zeigen und einen anderen Teil von dir verbergen willst.
Bisweilen feilst du vielleicht auch aktiv an deiner Fassade herum. Du putzt dich dann heraus, damit du einen ganz bestimmten Eindruck abgeben kannst. Du malst ein Bild von dir, von dem du annimmst, dass es in der Gesellschaft gut ankommt. Ist es so?

Vermutlich stimmst du innerlich zu.
Und vielleicht macht es dich sogar traurig.

Würde es dich entlasten zu wissen, dass wir alle bisweilen so sind?
Und würde es dir guttun der Frage nachzugehen, warum es so ist?

Wenn du ja sagst, dann bitte ich dich, eine Zeit lang nachzuspüren.
Versenke dich dafür in deinen Körper hinein. Denn dort, so könnte es sein, hat sich vielleicht schon ein bestimmtes Gefühl bemerkbar gemacht. Vielleicht bemerkst du es in deiner Brust. Vielleicht eher in deinem Bauch? Spüre mal nach.

Und vermutlich haben diese Gefühle einen Impuls ausgelöst, der einer bekannten Strategie gleichen kann: Sie heißt „Wegdrängen und Ablenken". Kennst du diese Strategie?

Wie auch immer es bei dir ist, verdränge nichts von dem, was du jetzt wahrnimmst, im Gegenteil.
Spüre hin!
Lasse dich ein auf die Gefühle in dir und die Körperempfindungen, die ausgelöst wurden. Vielleicht hast du ein Gefühl von Enge, ein Ziehen, eine Schwere oder ein Drücken in deiner Brust oder deinem Bauch. Wenn es so ist, dann atme dort hinein. Und nimm dir die Zeit, um alles das, was du empfindest, wahr- und wichtig zu nehmen.

Und vielleicht magst du dich einer Frage öffnen, die du diesem Ziehen, diesem Druck, oder was auch immer du empfindest, selbst stellen möchtest.

Du fragst dann: „Was möchtest du mir sagen, liebes Ziehen, lieber Druck, liebes Enge-Gefühl?"

Du atmest weiter. Vielleicht erscheint eine Antwort in deinem Bewusstsein. Kannst du sie entschlüsseln?

Wenn nicht, warte oder frage erneut.
Sei achtsam und behutsam mit dir.
Vielleicht verwendest du auch eine andere Formulierung, eine, die dir eher entspricht. Oder vielleicht so eine:

„Wie kann ich dir helfen, liebes Herz?"
„Wie kann ich dich besser verstehen, meine liebe Seele?"

Und vielleicht hörst oder spürst du jetzt eine Antwort. Es kann eine leise Stimme sein oder ein warmes Gefühl, das sich in dir ausbreitet. Vielleicht siehst du auch eine bestimmte Farbe vor deinem inneren Auge, oder es kneift und zwickt irgendwo?

Und vielleicht bekommst du jetzt eine Ahnung. Und wenn es nur bedeutet, dass du den Impuls spürst, genauer in dein Herz hinein zu fühlen. Es vielleicht sogar zu befreien. Dich zu öffnen. Ist es so?

Spüre nach.

Und frage dich: Kann es sein, dass die Fassade, die ich mir bisweilen zulege, mit einer Mauer vergleichbar ist, die um mein Herz herum gebaut wird? Und die dazu führt, dass ich die Stimme meines Herzens und meiner Seele nicht gut verstehen kann?
Atme ruhig weiter und lass dich ein auf die Wirkungen dieser Fragen an dich selbst.
Vielleicht wirst du traurig.
Vielleicht schmerzt dein Herz. Wie ein Kind, das erlöst und getröstet werden möchte.
Und gleichzeitig spürst du womöglich so etwas wie Angst. Ist es so?

Oft ist es nämlich so, dass wir Angst haben, einer Liebe nicht würdig zu sein.
Denn die Liebe ist groß, und wir fühlen uns oft klein, weil wir denken, dass wir viel falsch gemacht haben. Und deswegen verstecken wir uns, spielen Rollen, ignorieren die Stimme der Liebe in uns.
Kannst du das nachvollziehen?

Und wäre es vielleicht ein wenig erleichternd zu wissen, dass du dich niemals verstecken musst? Dass du dich zeigen darfst mit allem, was dich ausmacht?

Überlege mal:
Wie wäre es, wenn du ab sofort den Menschen und der Welt ohne Fassade begegnen würdest? Zumindest den Menschen gegenüber, mit denen du dich sicher fühlst?
Wie wäre es, wenn du dich ganz vorsichtig so zeigen würdest, wie du bist. Ungeschminkt, rein, ehrlich, ohne Täuschung, auch mit jedem Zweifel, den du hast?
Wie wäre es, wenn du dich in jeder Situation, bei jeder Begegnung, in jedem Moment, bei jeder Handlung daran erinnern würdest, dass du dich zeigen darfst, wie du bist? Auch wenn du vielleicht nicht gleich alles von dir zeigen magst?

Vielleicht wäre das ein erster Schritt hin zu der Liebe, die tief in dir wohnt und die dich nähren will.
Sie ist tief in dir zuhause und jederzeit spürbar, wenn du sie suchst und dich finden lassen willst.

Die Liebe in dir ist wie eine zauberhafte himmlische Melodie. Du kannst sie nie vergessen, höchstens verdrängen. Aber das musst du nicht.
Du darfst dich erinnern. Du darfst dich berühren lassen. Berühren von den Tönen deiner Seele, deines Herzens.

Höre der Melodie zu, die dein Herz dir vorspielen möchte.
Jetzt.
Und verweile für einen Moment in der Schwingung, die diese Klänge verströmen. So, als wenn es kinderleicht wäre, sich zu zeigen und sich zu öffnen für die Liebe, die dich tragen und nähren will.
Ganz ohne Mauer, ganz ohne Fassade.
...

Bleibe hier solange wie du magst.
Bis du dich nach und nach verabschiedest, um in deinen Alltag zurückzukehren.

Lass dir ein wenig Zeit, um zu integrieren, was integriert werden möchte.

Spüre nach.

Meditation „Weniger ist häufig mehr"

Begleitinformation:
Ein Hindernis auf dem Weg der persönlichen und geistigen Entwicklung ist meist nicht der Mangel, sondern die Fülle. Die Welt der Fülle zerstreut uns und verhindert, dass wir das Wesentliche erkennen, nämlich das Wesen in den Dingen, im jeweiligen Augenblick, in der Begegnung, im Leben.
Folglich haben alle Weisheitslehren das Ziel der Zentrierung auf das Wesentliche zum Inhalt. Denn das Wesentliche ist die wahre Fülle. Die Fülle in der Vielfalt hingegen zerstreut uns und treibt uns damit immer weiter weg von uns selbst.
Aus diesem Wissen heraus stellt sich die Frage:
Was brauche ich wirklich? Was brauchst Du?

Die folgende Meditation darfst du dafür nutzen, eine mögliche Antwort in dir entstehen zu lassen.
Lass dich führen durch diese Geschichte und spüre nach, ob du dich in den beschriebenen Gedankengängen und Gefühlen wiederfinden kannst.

Entscheide dich zu Beginn dieser Meditation einfach nur dafür, an gar nichts zu denken. Vielleicht fällt es dir schwer, weil du denkst, du müsstest etwas hergeben. Und manche Gedanken oder Wünsche sind ja auch irgendwie lieb gewordene Dinge.

Setze dich nicht unter Druck. Das tut dir nicht gut.
Lass einfach los! So gut es eben geht.
Lass es los: Gedanken, Druck, auch das Streben, immer besser werden zu müssen. Du musst gar nichts. Und vielleicht ist dies das Wichtigste: Du musst nichts. Du musst auch nichts tun. Einfach sein. Das reicht.
Wusstest du das?

Womöglich schon, magst du denken, und doch hast du es vermutlich nie wirklich umsetzen können.
Zu schnell folgst du den Maßstäben der Gesellschaft oder den verlockenden Angeboten, die dir jeden Tag auf dem Bildschirm suggerieren, dass in ihnen das wahre Glück zu finden ist. Und

wie schnell lässt du dich verleiten, zumindest für einen kurzen Moment daran zu glauben. Bis du dann früher oder später feststellst, dass es nicht hält, was es so heilig versprochen hat.

Einfach sein.
Wie das wohl geht.
Weißt du es?

Du atmest jetzt vielleicht das erste Mal tiefer ein und mit einem Seufzen wieder aus. Du weißt es vermutlich nicht, aber irgendwie darf es egal sein. Du weißt es eben nicht, und du lässt es so sein. Dieses Nicht-Wissen. Wäre das ok für dich?

Und wieder seufzt du beim Ausatmen. Es ist so schön, nicht unter Druck sein zu müssen. Oder?
Für einen Moment bleibt das Gefühl von Nichts.
Für einen klitzekleinen Moment. Du schaust einfach nur auf einen Punkt und irgendwie auch an ihm vorbei. Du schaust ins Nichts.

Du kennst sicher diesen Blick ins Leere. Wenn die Menschen dich nicht wirklich anschauen, sondern ihr Blick weit über dich hinaus geht. Sie fixieren dich nicht. Sie scheinen woanders zu sein. So wie du eben. Einfach im Nichts.
Spüre mal, wie es sich für dich anfühlt.
Vielleicht entlastend. Schwerelos. Ganz leicht, vielleicht.

Und wieder atmest du tief ein und aus. Du gibst alles ab, was schwer ist. Du tust es nicht bewusst. Es passiert einfach.
Vielleicht verwundert es dich. Nicht, weil es wie von selbst geschieht, sondern weil du in diesem Moment der Schwerelosigkeit so viel Erleichterung spürst. Eine tiefe Entspanntheit. Kein Druck. Einfach nur ein Glücksgefühl.

Und wieder seufzt du beim Ausatmen.

Vielleicht wird dir klar, dass du dem „Weniger ist Mehr" ein großes Stückchen nähergekommen bist. Und dabei ging es gar nicht um Materielles. Du hast dich nur von innerem Druck befreit, irgendetwas tun zu müssen.

Es hat sich etwas eingestellt, durch deine Entscheidung, einfach für einen Moment nur *zu sein*. Und obwohl du gar nicht wusstest, wie es genau funktionieren kann, hast du dich doch darauf eingelassen, es zu probieren. Dieses einfach Sein.

Ob du das Wesentliche im Nichts gefunden hast?

Ein letztes Mal atmest du alles aus, was sich an Schwere in dir angesammelt hat. Es möchte gehen. Damit du dich frei fühlen kannst, einfach nur zu sein und damit das Wichtigste zu besitzen.
Genieße es!

...

Bleibe in diesem Gefühl, solange du es halten kannst, und versuche so oft es dir möglich ist, die Erinnerung an diese Erfahrung wachzurufen.

Meditationsgeschichte „Sommerregen"

Begleitinformation:
Diese Meditationsgeschichte ist ein persönlicher Erfahrungsbericht, entstanden auf einem Spaziergang. Ich liebe diese meditativen Spaziergänge, auf denen ich meine Gedanken beobachte oder mich einfach nur inspirieren lasse durch das, was ich sehe und höre. In der Natur ist mein assoziativer Geist sehr aktiv, und manchmal muss ich ihn bremsen, damit ich in Gedanken nicht abschweife und den Moment aus den Augen verliere. Denn jeder Moment ist so kostbar. Wenn wir im Jetzt sind, ganz ohne Bewertung, fühlen wir uns automatisch vollkommen, heil und ohne Mangel.

Lass dich in der folgenden Geschichte ein auf den Spaziergang zu dir selbst! Die Geschichte beginnt sofort und ohne Einleitung in eine Zeit der Entspannung. Sorge du also für eine ruhige Zeit an einem ruhigen Ort.

Du gehst spazieren, das tust du fast jeden Abend, zumindest im Sommer. Du liebst es, nach der Arbeit einen Spaziergang zu machen und dabei zur Ruhe zu kommen. Zu Beginn hängst du deinen Gedanken noch nach, und irgendwann hast du keine Gedanken mehr.
Manchmal klappt das nicht, aber wenn es klappt, dann bemerkst du es daran, dass du das erste Mal aufschaust und die Natur um dich herum wahrnimmst. Meistens ist dieser Augenblick mit einem tiefen Atemzug verbunden. Er drückt Dankbarkeit aus und ein Überrascht sein darüber, wie schön die Natur ist und wie wenig du bisher von ihr wahrgenommen hast.

So ein Moment ist jetzt.

Du bist aus deinem inneren Zur-Ruhe-Kommen aufgewacht und hast dich dankbar umgeblickt.

Wie schön das abendliche Sonnenlicht das Grün der Blätter an den Bäumen zur Geltung bringt. Eine warme grüne Tiefe. Du versenkst dich in dieses lichtvolle Grün hinein.

Nach einer Weile verdunkelt es sich, eine dunkelgraue Wolke schiebt sich vor die Sonne.

Ein Windstoß lässt dich für einen Moment straucheln, aber du fängst dich schnell wieder.
Du übst dich in Achtsamkeit.
Für eine kleine Weile überlegst du, ob du dich entscheiden solltest, schneller zu gehen, um dem nahenden Regen zu entkommen, aber eigentlich willst du dich nicht hetzen lassen.
Warum auch?
Was ist so schlimm daran, nass zu werden?
Und wer weiß, vielleicht zieht sie vorbei, die Wolke, die sich immer breiter macht vor der Sonne.

Du gehst in deinem gemütlichen Tempo weiter und bemerkst, wie ruhig es geworden ist. Vögel sind kaum noch zu hören, sie scheinen sich zurückgezogen zu haben.
Genau wie die Menschen, denen du hier oft begegnest, denkst du.
Vielleicht wollten sie nicht nass werden?
Es gibt so viele Schönwetter- Spaziergänger. Ausgerüstet mit aktuellen Wettermeldungen, die regelmäßig überprüft werden.
Für einen Moment folgst du diesen Überlegungen. Bis du dich wieder auf die Ruhe besinnst.

Du genießt die Ruhe um dich herum und das Allein-Sein. In ihm kannst du Kraft schöpfen.

Und dann erreicht dich ein erster Tropfen, dann ein zweiter, bis von überall her der Regen vom Himmel fällt. Es ist ein sanfter und gleichmäßiger Regen. Der Wind hat sich wieder gelegt, und so scheint es, als wenn die Wolke die Gelegenheit genutzt hätte, sich den Raum zu nehmen, der am Himmel für sie zur Verfügung steht. Sie kann sich Zeit lassen, ihre Feuchtigkeit in einem gemächlichen Tempo an die Erde abzugeben. Auch die Wolke lässt sich nicht hetzen. Warum auch?

Du bemerkst, wie schnell du in diesen Kategorien denkst. Leistung, Geschwindigkeit, Termine, Abgabefristen, Ultimaten, Zeithorizonte bestenfalls. Deine Welt besteht aus solchen Wörtern, die mehr sind als Wörter, weil sie eine Energie mitbringen. Diese äußert sich als Druck und einem Gefühl des Getrieben-seins, weit weg von achtsamer Ruhe und Zentriertheit.

Deine Aufmerksamkeit wendet sich wieder dem Regen zu.
Wie gleichmäßig er vom Himmel fällt und ganz langsam dein Gesicht befeuchtet.
Die Luft fühlt sich jetzt frischer an und du genießt es, sie einzuatmen. Selbst die Ausatmung fühlt sich noch rein an, als wenn die viele Frische gar nicht so schnell von deinem Körper aufgenommen werden kann.
Du atmest bewusster, langsamer, aufmerksamer.
Du fühlst, wie es sich durch den Regen in dir reinigt.
Unsauberes wird weggewaschen, ganz langsam, und doch beständig.

Du bleibst stehen und richtest dein Gesicht zum Himmel.

Der Sommerregen fällt in weichen kleinen Tropfen auf dein Gesicht, deine Augen, deine Wangen. Dann fließt er langsam deinen Hals herunter, bis er dein T-Shirt erreicht.
Du möchtest deine Arme ausbreiten, um dich noch mehr diesem Element zu öffnen. Reines frisches Wasser, nur für dich.
Purer Genuss!
(kleine Pause)

Dann gehst du langsam weiter und eine Erkenntnis steigt in dir auf:

Es ist deine Entscheidung, wie du bestimmte Dinge bewertest, ob du dich mitziehen lässt vom Druck, den du dir selbst oder andere dir oft machen.

Es ist deine eigene Ausrichtung, die dein Wohlbefinden prägen kann, es hängt von dir ab, worauf du dich einlässt.
Und es tut gut, sich einfach vom Sommerregen reinigen zu lassen.

Du weißt nicht mehr, wie lange du gegangen bist, es ist bedeutungslos. Was bleibt, ist die innige Erfahrung, die du mit dir und mit der Natur geteilt hast.

Meditationsgeschichte „Überfließende Fülle"

Begleitinformation:
Die Idee zu dieser Meditation ist in meinem ehemaligen Garten entstanden. Mein Brunnen plätscherte so schön vor sich hin. Und manchmal brauchen wir durch solche äußeren Reize einen Impuls, eine Erinnerung, und schon können wir das Gefühl unendlicher Fülle aktivieren. Wichtig ist, dass wir nicht im Außen verharren oder meinen, dass wir bestimmte Dinge brauchen, damit wir uns reich und erfüllt fühlen. Im Gegenteil: Wahre Fülle ist tief in uns. Und sie endet nie. Und so ist der Brunnen ein schönes Symbol für die Quelle in uns, die sprudelt und sprudelt. Wir müssen uns nur auf sie besinnen. Und schon können wir eins mit der Quelle werden, die wir sind.

Die Meditationsgeschichte beginnt einfach so, stelle also sicher, dass du Zeit und Ruhe dafür hast, und folge ihr in einem für dich angemessenen Tempo. Spüre nach, mit was du in Resonanz gehst.

Heute ist ein schöner Tag.
Alles scheint da zu sein, seit dem Aufwachen schon. Die Temperaturen sind angenehm, und trotz der Sonne kannst du es gut draußen aushalten. Die Sonne hat im Frühling noch nicht die Kraft, so dass du befürchten müsstest, einen Sonnenbrand zu bekommen.
Und so hast du die Sonne genossen, nachdem du gut gefrühstückt hattest. Du bist spazieren gegangen, hast in deinem Garten gearbeitet, hast den fröhlichen Kinderstimmen aus dem Garten der Nachbarn gelauscht und dir das Plätschern eines nahe gelegenen Brunnens angehört. Alles floss ineinander, alles, was man sich wünschen kann, war da, und doch breitet sich eine eigenartige Stimmung in dir aus. Das mag vielleicht an deinem Alter liegen, die Leute sagen, dass man im Alter eher melancholischer und nachdenklicher wird, und vielleicht haben sie Recht. Aber diese Erklärung genügt dir nicht, du möchtest wissen, wa-

rum dir alles, was du hast, irgendwie nicht zu reichen scheint, denn wenn es dir reichen würde, wärst du doch zutiefst glücklich und zufrieden. Oder?

Wenn du ganz ehrlich bist, hattest du schon mehrmals Phasen, in denen du über den Sinn des Lebens nachgedacht hast.
Und das liegt vielleicht wirklich am Alter, denn junge Menschen haben noch so viele Ziele, dass sich ihnen solche Fragen nicht stellen. Man muss wohl erst ganz viele Ziele erreicht haben, bis man sich nach dem Sinn des Ganzen fragt. Oder?

Natürlich ist es richtig schön, auf dem Gipfel des Lebens zu stehen, aber wie schnell ist der Reiz des Gipfels verflogen.
In der Jugend hast du dir immer wieder neue Ziele gesetzt und hattest damit zu tun, diese neuen Ziele zu erreichen. Bis zum nächsten, und so weiter. Dieses Höher, Schneller, Weiter ermüdet irgendwann und dir ist längst klar geworden, warum.
Das Hochgefühl ist nicht dauerhaft.
Es sind zwar kurze Glücksmomente, die du sehr genossen hast und auch jetzt noch genießen kannst, aber es ist nicht das Glück, das du meinst. Du bist auf der Suche nach etwas, das bleibt, vielleicht auch nach etwas, das ewig ist, nur dass dir das in jungen Jahren noch nicht deutlich war.

Dieses Nachdenken darüber, ja Nachspüren tut dir gut. Es scheint, als wenn es dich zu dir selbst führen kann. Du versinkst in dich hinein, dein Atem fließt automatisch, die Geräusche von außen erreichen dich kaum noch.

Das Plätschern des Brunnens zieht plötzlich deine Aufmerksamkeit auf sich. Er plätschert einfach vor sich hin. Wie eine nie versiegende Quelle. Es fließt und plätschert, unermüdlich.
Der Brunnen scheint nicht zu versiegen.
Wie eine Quelle, die überfließt, ohne leer zu werden.
Du atmest durch.
Denn ohne bewusst gesucht zu haben hast du gefunden, was du suchst.
Ein ungeahntes Glücksgefühl erreicht dich.

Es erinnert dich an besondere Momente in deinem Leben, Erfolge, die du gefeiert hast, deine Hochzeit und die Geburt deiner Kinder. Diese Momente haben das gleiche Glücksgefühl aktiviert. Damals.
Du erinnerst dich weiter:
An Niederlagen und Misserfolge, die du erlebt hast. Zwar warst du damals zunächst niedergeschlagen und enttäuscht, aber im Anschluss daran kam aus der Tiefe deines Selbst dieses Gefühl in dein Bewusstsein. Wie aus einem Springbrunnen herausgesprudelt.
Du warst damals zutiefst dankbar, weil dich ein scheinbarer Misserfolg auf deinen wirklichen Weg geführt hat.
Du hast dich damals unendlich frei gefühlt, als du dich entschieden hast, dein erstes Studium abzubrechen. Und nur weil deine erste Beziehung gescheitert war, hast du die Liebe deines Lebens getroffen.
Du stellst fest, dass dieses Gefühl des überfließenden Glücks ganz unabhängig von guten oder schlechten Lebensereignissen eingetreten ist, dass es sogar noch intensiver war, nachdem du Krisen in deinem Leben überwunden und das Geschenk in ihnen verstanden hattest.

Der Brunnen plätschert unermüdlich weiter.
Du nimmst diesen Hinweis auf und überträgst ihn auf das Leben an sich.
Denn diese Quelle in dir willst du bewahren, diese Quelle willst du unermüdlich sprudeln lassen, egal, was im außen vor sich geht.
Du weißt noch nicht genau, wie du es umsetzen wirst, aber du fühlst dich befreit und erfüllt allein durch diese Erkenntnis.
Du weißt, dass du dich auf die Quelle in dir ausrichten darfst. Vielleicht mag es manchmal schwierig sein, aber du vertraust darauf, dass du dich an sie erinnern wirst, wenn es nötig ist.

Dieses unendliche Glücksgefühl willst du in dir sprudeln lassen zu jeder Zeit, in jeder Situation, in jedem Moment.

Wie der Brunnen im Garten der Nachbarn, der nie versiegt.
…

*„Dieses ist Fülle. Jenes ist Fülle. Die Fülle geht aus der Fülle hervor.
Selbst wenn die Fülle aus der Fülle hervorgegangen ist, bleibt nichts als Fülle übrig."*

Eines der bedeutendsten Mantras aus der Yoga-Philosophie

Meditation „Neues Leben"

Begleitinformation:
Der Titel „Neues Leben" mag widersprüchlich klingen, wenn wir bedenken, dass es nur ein immerwährendes Leben geben soll. Und wenn es nur eines gibt, dann gibt es weder alt noch neu.
Mit „Neuem Leben" ist unsere Wahrnehmung gemeint, die nur aufgrund einer Entscheidung verändert und somit neu werden kann. Denn wenn wir bereit sind, uns neu auszurichten, können wir feststellen, dass wir auch etwas Neues sehen. Dass wir neu spüren. Und dass wir uns in der Folge auch wie neu fühlen.
Die Voraussetzung dafür ist, dass wir bereit sind, uns neu zu entscheiden. Zu entscheiden, das Leben bewusster wahrzunehmen, uns achtsamer im Moment zu bewegen, aufmerksamer zu sein für all das, was uns nur der jetzige Moment präsentieren kann. Und dann stellen wir plötzlich fest, dass all das, was uns vorher so stark beschäftigt hat, an Bedeutung verliert, weil es nicht mehr all unsere Aufmerksamkeit bekommt. Wir sind bewusster mit uns selbst und erkennen, wer wir sind: reine Bewusstheit, reine Achtsamkeit, reines Glück, Liebe oder eben ganz neues Er-Leben.

Folge der Meditation in deinem Tempo und an einem Ort, an dem du ungestört bist.

Komme zur Ruhe und ruhe aus. Nimm dir Zeit dafür. Und wenn es nur die Zeit dafür ist, dieses eine Mal tief und bewusst ein- und auszuatmen.
Das Leben ist so kostbar.
Und wie selten sind die Momente, in denen wir uns dessen bewusst sind. In der Regel sind wir in Eile und immer einige Schritte dem Moment voraus. Und so nehmen wir das „Jetzt" nicht wahr, weil wir in Gedanken bereits vorausgeeilt sind.
Wir nehmen die Zukunft vorweg, indem wir sie gedanklich durchgehen, und bemerken dabei nicht, dass die Zukunft, so wie wir sie geplant oder uns vorgestellt haben, doch nie so eintritt. Im Ergebnis ist dann so viel Schönes an uns vorbeigegangen. Doch wir haben es nicht bemerkt, weil wir gedanklich so stark beschäftigt waren.

Vielleicht findest du es bedauerlich, wenn das gesamte Leben in diesem Zustand von Unbewusstheit stattfindet. Denn du nimmst dann Nichts wahr, weil du nicht im Moment bist. Das Leben rauscht an dir vorbei, ohne dass du bemerkst, dass es dir Stück für Stück deiner Lebenszeit nimmt, ohne dass du diese kostbare Zeit gekostet hast.
Du würdigst nicht, was ist, wenn du nicht dort bist, wo du bist, sondern in Vergangenheit oder Zukunft weilst. Eine Zukunft, die ohnehin nie so kommt, wie du sie gedanklich vorwegnimmst. Eine Vergangenheit, die längst war, die du aber immer wieder in Gedanken neu kreierst oder wiederholst und damit über die Gegenwart schiebst.

Spüre mal, wie es dir jetzt geht, mit diesen Gewissheiten.
Vielleicht macht es dich traurig.
Vielleicht spürst du anderes.
Was auch immer es ist, lass es zu und nimm es wahr.

Und dann mache dir bewusst, dass du dich jederzeit neu ausrichten kannst.
Denn du kannst dich entscheiden, jetzt damit aufzuhören. Jetzt sofort. Jetzt sofort kannst du in diesem Moment ankommen und alle anderen Gedanken zur Seite schieben.
Das mag sich sicher einfacher anhören als es ist, aber du kannst dich entscheiden. Entscheiden dafür, dass du jetzt ankommen willst, in diesem Moment.

Spüre, wie du sitzt oder liegst, welche Körperteile den Boden oder eine Sitzfläche berühren, nimm wahr, wie kalt oder wie warm es ist und was vielleicht an Geräusch deine Ohren erreicht.
Welchen Geschmack trägst du auf der Zunge?
Welcher Geruch erfüllt deine Nase?
Nimm genau wahr, bestenfalls ohne es zu benennen oder zu bewerten, was du wahrnimmst. Einfach nur registrieren. Das genügt.
Es genügt, um im Moment anzukommen, dem einzigen Augenblick, an dem das Leben stattfindet. Es mag sich komisch anhören, dass sich das Leben in diesem Augenblick ereignet, weil er so flüchtig ist, der Moment.
Genau.

Weil er so flüchtig ist, übersehen wir ihn so schnell. Registrieren nicht, welche Tiefe er hat.
Denn nur wenn wir uns auf die Tiefe einlassen könnten, würden wir es bemerken.

Versuche es einfach, das genügt.
Versuche es immer wieder, und die Momente werden häufiger, in denen du weder an morgen noch an gestern denkst, sondern einfach nur im Jetzt bist. Bis das „Jetzt" ein einziger immerwährender Moment ist. Voller Dankbarkeit und Demut für das Leben.

Vielleicht schweifst du jetzt wieder ab. Vielleicht spürst du die Melancholie, die in diesen Worten schwingt. Die Melancholie, die in dir ausgelöst wird, weil es so unerreichbar für dich scheinen mag, den Zustand von Bewusstheit jemals leben zu können. Lass es zu. Nimm genau wahr, was sich jetzt in dir ereignet. Und schon bist du wieder mitten drin im Leben, das immer nur jetzt stattfindet.

Lass dir Zeit.
Sei milde und gütig mit dir.
Atme bewusst, ohne dich dafür anzustrengen.

(Hier hast du die Möglichkeit, zu verweilen oder auch die Meditation ganz zu beenden, für diesen Moment zumindest.)

Und vielleicht magst du dir dann vorstellen, wie es wäre, wenn. Wenn du es geschafft hättest, jetzt im Moment zu sein und dieses „Jetzt" immer wäre. Wenn du dir des gegenwärtigen Augenblickes jederzeit bewusst wärest, auch wenn du mitten drin bist im Leben und dem, was es dir präsentiert.
Wie würde es sich anfühlen, dieses Leben?

Spüre mal, es kündigt sich bestimmt längst in dir an.
Vielleicht bemerkst du, dass dein Herz schneller klopft, dass eine Wärme in dir aufsteigt, die dich elektrisiert fühlen lässt. Vielleicht pulsiert eine Welle von Energie tief in deinem Inneren und steigt von unten bis nach oben. Vielleicht ist sie begleitet von einem tiefen Wissen, dass dich die Erkenntnis auf ewig verändern wird,

und dass dann nichts mehr ist, wie es war. Dass etwas von Grund auf anders wird. Neu.

Es ist, als wenn sich eine Tür schließt. Und eine neue Tür aufgeht. Die neue geht auf, weil du die alte verschlossen hast.
Was hinter der neuen Tür verborgen ist, kannst du vielleicht nur erahnen, und doch darfst du sicher sein, dass du dich keinesfalls zu fürchten brauchst.

Gibt dir Zeit, dir dieses Leben vorzustellen. Dir vorzustellen, wie es wäre, wenn du im Jetzt verweilst.

Vielleicht fragst du dich, welches denn die alte und welches die neue Tür ist?

Erinnere dich:
Die alte steht für deine bisherigen Verhaltensmuster, wie auch immer du sie beschreiben würdest. Und die neue Tür steht symbolisch für deine Entscheidung, ab sofort, ab JETZT, mehr auf den Moment zu achten, bewusster wahrzunehmen, was ist, damit du das Leben nicht verpasst.
Magst du die alte Tür schließen?
Wenn Ja, dann mach es JETZT.

Die neue Tür wird direkt vor dir erscheinen.
Vielleicht wartest du einen kleinen Moment. Bis du ein Strahlen siehst. Ein unmissverständliches Leuchten. Es zieht dich sofort in seinen Bann. Du wirst nicht mehr wegsehen können. Und obwohl es so hell ist, kannst du nichts anderes tun, als diesem Strahlen zu folgen.
Suche es.
Tue es. Jetzt.
Finde dich in dem Leuchten. Lass dich finden. Gehe ihm nach.

Und dann nimm es mit.
Vielleicht begleitet dich jetzt ein Strahlen, wohin auch immer du gehst. Was auch immer passiert. Wie auch immer sich das Leben in Szene setzt.

Glück kann niemand für dich machen. Du bist dieses Glück.

Dann ruhe aus. In diesem Moment.
Und spüre nach.
Nimm dir Zeit dafür.

Und versuche, die Schwingung zu halten, auch wenn du in dein Leben zurückkehrst. Vielleicht fühlt es sich dann wie ein neues an.

Meditationsgeschichte „Mein eigener Ton"

Begleitinformation:
Das größte Hindernis auf dem Weg zur Erleuchtung, so formuliert es die Yoga-Philosophie, ist unsere Unwissenheit.
Unwissenheit bedeutet, dass wir vergessen haben, wer wir sind, was wir sind, und was unsere Wahrheit ist. Unsere Wahrheit ist unendliche Liebe, Glückseligkeit, grenzenloses Sein.
Es mutet so unfassbar traurig an, dass wir es vergessen haben. Denn wenn wir uns erinnern würden, würden wir nicht mehr suchen, erst recht nicht an den falschen Orten. Dies tun wir nur aus Unwissenheit und dem unwahren Blick auf uns selbst.
Und doch suchen wir, weil es eine treibende Kraft in unserem Inneren gibt, die uns vermittelt, dass etwas fehlt. Und anstatt, dass wir uns in unser Inneres hineinbegeben, um dort zu finden, was wir suchen, schaffen wir uns Wünsche, die uns die Welt erfüllen soll. Dadurch verlieren wir uns immer mehr im Außen.
Wir feilen an einer Identität, die uns nicht nur besonders machen soll, sondern uns abhebt von anderen, damit wir besser, schöner, kompetenter, reicher oder erfolgreicher im Vergleich zu anderen sind. Wenn wir uns abheben von anderen, so glauben wir, haben wir unsere Identität oder unseren eigenen Ton gefunden, unsere besondere Aufgabe.
Natürlich haben wir als Menschen unsere eigenen und individuellen Talente und Fähigkeiten, und das ist auch gut so. Aber wenn wir uns in der Suche nach etwas Besonderem verlieren, trennen wir uns immer mehr vom Ursprung und von der Liebe, die wir sind und nach der wir insgeheim suchen. Diese Liebe können wir nur in der inneren Anbindung finden, die sich auch im Verbunden Sein mit anderen ausdrückt. Gemeint ist damit eine tiefe und unerschütterliche Gewissheit, dass es etwas gibt, aus dem wir entstehen und zu dem wir alle wieder zurückkehren. Das Wissen, dass wir alle in unserer Essenz gleich und all-eins sind und die Liebe uns verbindet. Die Liebe mag sich in verschiedenen Farben zeigen oder unterschiedliche Töne hervorzaubern, aber zusammen sind wir eine Melodie, die nur die Liebe zu komponieren vermag.

Die folgende Geschichte beschäftigt sich mit dieser Melodie. Folge ihr einfach und achte auf Resonanzen in dir.

Stelle sicher, dass du ungestört bist. Und die Geschichte beginnt.

Es ist Frühling. Die Sonne scheint strahlend vom blauen Himmel und es ist für die Jahreszeit ungewöhnlich warm. Lange hast du den Frühling herbeigesehnt, wenn alles wieder bunt wird und die Natur erwacht. Als erstes beginnen die Vögel ihr Konzert in den frühen Morgenstunden. Es ist, als wenn sie viel eher um den Wechsel der Jahreszeiten wüssten als die Menschen. Denn auch wenn es noch grau wirkt und kalt ist, beginnen sie zu singen. Als wenn sie die Kälte und den Winter hinweg singen wollten. Und sie gewinnen jedes Jahr von Neuem gegen den Winter. Die Kälte und das Karge verziehen sich mit der steigenden Lautstärke der Vögel. Was für eine Macht sie zu haben scheinen. Bewusst ist es ihnen nicht. Ob es wichtig ist, dass sie diese Bewusstheit haben? Ihnen vermutlich nicht.

Du hörst eine Weile zu.

Für einen Moment warst du voller Achtsamkeit, weil du dich entscheiden wolltest, welcher einzelnen Stimme du Gehör schenken willst. Sie klingen wie ein abgestimmtes Orchester und singen doch jeder für sich.

Du schweifst von einer Stimme zur nächsten und hörst auch irgendwie alle zusammen. Und für klitzekleine Augenblicke kehrt Ruhe ein. In dieser Stille ist für einen Moment lang nichts zu hören.
Es ist die Stille, die dich in ihren Bann zieht. Und es ist gar nicht die Stille an sich, sondern es ist die gespannte Aufmerksamkeit, die du dieser Stille schenkst. All deine Antennen sind auf sie ausgerichtet, bis du am Rande des Gewahrseins wieder Vögel singen hörst.

Und doch ändert sich etwas mit der Zeit des Zuhörens. Immer mehr richtest du dich auf Stille aus. Als wenn du sie noch intensiver hörst als alle anderen Geräusche.
Eine Frage erscheint in deinem Bewusstsein:
Denke ich noch oder bin ich gedankenlos?

In der Stille erscheint die Antwort:
Eine Frage ist ja auch ein Gedanke!

Und wieder ist Stille da.

Jetzt hörst du sie fast durchgehend. Wie einen langen Ton in einer einzigen Tonlage, ohne Anfang und ohne Ende.
Die anderen Geräusche sind nur darüber gelagert, sie beginnen und enden, aber dieser eine Ton der Stille, der ist immer da.
Gänsehaut zieht über deinen Körper, es scheint bedeutend für dich zu sein, diese Entdeckung gemacht zu haben.
Für einen Moment denkst du nicht.

Dann steigt erneut eine Frage in deinem Bewusstsein auf:

Habe ich eigentlich meinen ganz eigenen Ton?

Du wartest auf Antwort.

Lange ist nur Schweigen wahrnehmbar.
Die Stille, die du hörst, der lange durchgehende Ton der Stille.

Dann kommen Worte hinauf in dein Bewusstsein. Sie sagen:
Du bist dieser Ton!
Du *bist* dieser Ton der Stille, der immer währt und ewig ist.

Du spürst nach. Und fühlst.

Wie schön er ist, dein Ton.
Du genießt und schweigst. Für den Moment möchtest du nichts über diesen immerwährenden Ton der Stille legen. Das Leben wird ganz bald eine eigene Melodie auf ihm komponieren.

…

Bleibe auch du in der Stille, solange du sie halten kannst. Nimm sie mit in deinen Alltag, und erinnere dich, so oft es dir möglich ist.

„Die Musik steckt nicht in den Noten, sondern in der Stille dazwischen."
Wolfgang Amadeus Mozart

Meditationsgeschichte „Das Schauspielhaus"

Begleitinformation:
Für mich war es eine der größten Hilfen, das Leben wie eine Bühne zu betrachten, auf der sich das Leben inszeniert. Das Besondere dieses Schauspielhauses ist, dass ich nicht nur die Zuschauerin bin, sondern auch eine Darstellerin, die sich selbst in unterschiedlichen Rollen in Szene setzt. Und nicht nur das, sogar die Regisseurin bin ich selbst.
Es mag eine Herausforderung sein, das Leben auf diese Art und Weise zu betrachten, weil es ein Gefühl von Verantwortlichsein im Schlepptau hat, wenn wir selbst der Regisseur sind. Das wollen wir in der Regel nicht, weil wir dann niemanden mehr finden, dem wir die Schuld für Schmerz, Leid oder Misserfolg geben können.
Wir dürfen lernen, einen neuen Blick auf alles zu richten, was sich in unserem Leben in Szene setzt. Denn damit öffnen wir unsere Perspektive und lüften die Schleier, die unseren Blick auf die Wahrheit verhüllen.

Folge der Meditationsgeschichte in deinem Tempo und nimm wahr, was in dir anklingt. Beobachte dich in aller Ruhe und nimm dir Zeit dafür.
Stelle sicher, dass du einen Moment lang ungestört bist. Und die Geschichte beginnt.

Der Sessel wirkt üppig, in den du dich gemütlich fallen lässt und dessen breite Rückenlehne bis über deinen Kopf reicht. Deine Arme kannst du bequem über die seitlichen Polster legen, und wenn du dich nach hinten lehnst, dann aktiviert sich ein Fußteil, das deine Füße und Unterschenkel leicht nach oben schiebt. Hier könntest du einschlafen, wenn du wolltest. Wie ein bequemes Nest und zum Einkuscheln geeignet.
Aber du willst nicht schlafen, viel zu aufregend ist das, was passiert. Und obwohl du nur der Zuschauer bist, um den herum sich alles inszeniert, bist du doch auch irgendwie mittendrin. Die Schauspieler sind nämlich nicht nur vor dir auf der Bühne, nein, sie laufen im Zuschauersaal herum und setzen sich und ihre Rolle vor dir sowie den anderen Zuschauern in Szene.

Du weißt nicht genau, wo und wann etwas Neues und Spannendes passiert. Manchmal scheint es sogar, als wenn die Schauspieler dich auffordern, aufzustehen und mitzuspielen. Fast hast du den Eindruck, als wenn du auf der Hut sein müsstest, damit du dich nicht in etwas hineinziehen lässt, was du vielleicht nicht willst.
Insgesamt aber dominiert die amüsierte Entspanntheit. Du fühlst dich unterhalten durch all das, was vor deinen Augen passiert. Und für einen Moment weißt du gar nicht, wo du zuerst hinschauen sollst. Es scheint wie eine kleine Welt zu sein, die sich vor dir ereignet.
Dann schaust du genauer hin:

Da ist eine Straße, auf der Kinder Fahrrad fahren, dort ein Bürogebäude, in welchem du Lichter sehen kannst und Leute, die geschäftig herumlaufen.
Direkt vor dir siehst du einen schönen Park mit einem Pärchen, das auf einer Bank sitzt. Die beiden sehen verliebt aus.
Für einen kleinen Moment verweilt dein Blick auf ihnen und du schwelgst in diesem ersten und aufregenden Gefühl von verliebt sein.

Dein Blick schweift weiter. In diesem Park entdeckst du ein anderes Pärchen, bei dem es nicht so harmonisch wirkt. Die Frau an der Seite des Mannes scheint sehr verärgert. Sie schimpft. Er dagegen ist still, und sie redet ohne Pause auf ihn ein.
Ein unangenehmes Gefühl schleicht in dir hoch.
Dann tritt eine kurze Pause im Redeschwall der Frau ein. Der Mann nutzt sie für eine Frage:

„Ist das wirklich wahr?"

Er schaut seine Frau liebevoll an.

Für den Bruchteil einer Sekunde stutzt die Frau. Es wird still.

Und du drehst deinen Sessel in eine andere Richtung.
Ein Gefühl von Betroffenheit hat sich in dir eingeschlichen, denn wie oft schon hast du anderen Menschen Vorhaltungen gemacht. Vorhaltungen, die auf deiner persönlichen Meinung beruhen,

und an denen du niemals gezweifelt hast. Genau wie diese Frau eben.

Eine neue Szene entwickelt sich vor deinen Augen.
Ein Vater und sein kleiner Sohn sitzen nebeneinander auf einem Steg an einem See. Sie lassen ihre Füße Richtung Wasser baumeln. Der See wirkt ruhig, genau wie die Stimmung zwischen beiden. Sie scheinen sich gut zu verstehen, auch ohne Worte.
Doch dann unterbricht der kleine Mann das Schweigen und schaut seinen Vater an, seine Augen wirken traurig und gleichzeitig sehr vertrauensvoll.

„Warum musste Mama sterben?", fragt er.

Der Vater legt seinen Arm um die Schultern seines Sohnes und zieht ihn zu sich.
Es dauert lange, bis er antwortet, und das Schweigen bis dahin scheint die Tiefe zwischen beiden noch zu verstärken.

„Das Leben hat wohl eine andere Aufgabe für sie vorgesehen."

Seine Stimme klingt traurig und weise zugleich.

Dir wird deutlich, dass dieser Mann verschiedene Welten jonglieren kann. Als Mensch ist er traurig und trauert, als Wissender dagegen kann er in höhere Ebenen vordringen, in denen er Erklärung und Trost findet. Und diesen Trost gibt er auf ganz menschliche Weise an seinen Sohn weiter. Er zieht ihn fest an sich, während er wieder spricht:

„Schließe mal deine Augen und denke an damals. Mama hat auf deiner anderen Seite gesessen und wir haben gemeinsam auf den See geschaut. Erinnerst du dich?
Stelle es dir jetzt noch einmal vor!"

Der kleine Sohn tut, was sein Papa ihm aufgetragen hat und antwortet:

„Es fühlt sich an, als wenn Mama bei mir ist."

„Genau", sagt der Mann, „sie hat dich nie verlassen".

Berührt drehst du deinen Sessel für einen Moment in eine Richtung, in der du dich unbeobachtet fühlst.
(kleine Pause)

Dann lässt du dich von den Geräuschen wieder mitten in das Treiben hineinziehen.
Ein riesengroßer Festzug hat sich vor dir aufgebaut und ein fröhliches und lautes Feiern lässt in dir eine neue Stimmung aufkommen. Die Leute sind verkleidet, die Kostüme sehen lustig bis skurril aus, und die Wagen, die an dir vorbeifahren, zeigen unterschiedliche Motive.
Du lässt sie auf dich wirken.

Eins ist allen Menschen gemeinsam.
Sie tragen Masken wie auf einem Maskenball. Du kannst kaum erkennen, wer sich dahinter verbirgt.
Und die Menschen tragen weitere Masken in ihren Händen. Du beobachtest, wie sie je nach Situation eine andere aufsetzen.
Und schon scheinen sie dadurch andere Menschen zu werden.
Wie eine Rolle, die ein Schauspieler einnimmt und spielt, bis er sie ablegt und eine neue annimmt.

Dann kommt ein großer Wagen direkt an deinem Sessel vorbeigefahren. Du hast das Gefühl, dass du deine Füße einziehen musst, damit er nicht über sie rollt, so nah ist er.
Dieser Wagen wirkt ruhiger und plötzlich wird es ganz still um dich.
Er ist jetzt direkt vor dir und du siehst einen Spiegel, der an dessen Seite angebracht ist.
Alles spiegelt sich in ihm.

Und *du* siehst *dich*.

Für einen Moment hältst du den Atem an, als du dir selbst so direkt in die Augen schaust.
Deine Augen sind gut zu erkennen. Sie strahlen dich an.

Doch der Rest deines Gesichtes ist verdeckt mit einer Maske.

Du wusstest nicht, dass du eine trägst.

Du atmest durch.

Das Leben ist wie eine Bühne, auf der sich alles vor dir und mit dir inszeniert. Bis zu dem Moment, in dem du erkennst, dass alles nur ein Spiel ist, das dir Freude bereiten soll, egal mit welcher Rolle.
...

Meditationsgeschichte „Vergessen"

Begleitinformation:
Diese Geschichte ist aus einer wahren Begebenheit entstanden. Ich liebe Begegnungen mit Menschen, weil sie mich sofort daran erinnern, im jetzigen Moment zu sein und alle Bewertungen fallenzulassen. Sie fordern mich auf, mich einzulassen auf das, was jetzt geschieht, und achtsam zu sein für alles, was sich dazu in mir ereignet. Aber vor allem erinnern mich solche Momente daran, wer ich bin und wer mein Schöpfer ist. Es ist die Liebe, die immer war und ewig ist. Und diese Liebe begegnet immer sich selbst. Wir müssen uns nur erinnern.

Diese Meditationsgeschichte dreht sich um das Vergessen und das Erinnern. Folge ihr und gehe in Resonanz mit dem, was angeboten wird. Erlaube dir auch, ganz anders zu empfinden. Wichtig ist nur, sich alles zu erlauben, was auch immer es ist. Denn dann bist du in der Begegnung und in Verbundenheit mit dir selbst.

Die Geschichte beginnt sofort, stelle also sicher, dass du für eine Weile ungestört bist.

„Kennen wir uns?"

Diese Frage erreicht mich, als ich jemandem begegne, den ich sehr gern habe. Ich hatte ihn lange nicht gesehen, und so war Freude und ein wenig Überrascht sein in mir, als ich diesem Menschen plötzlich gegenüberstehe. Ich sagte: „Wie schön, dich zu sehen, wie geht es dir?" Darauf bekam ich folgende Antwort:

„Kennen wir uns?"

Ich hätte erschrocken sein können, irritiert, vielleicht sogar persönlich getroffen oder verletzt. Aber nichts davon war spürbar, im Gegenteil. Ich habe mich gefreut und habe gelacht, weil ich mit dieser Person schon immer so viel Spaß hatte, auch, wenn es lange her ist. Und jetzt ist ein Vergessen eingetreten, das vielleicht altersbedingt ist. Aber der Humor, den dieser Mensch im-

mer hatte, der kommt selbst in dieser ernst gemeinten Frage zum Ausdruck. Es war einfach komisch.
Natürlich habe ich diesen lieben Menschen nicht ausgelacht, sondern aus der inneren Freude heraus folgendes geantwortet: „Ach, wir kennen uns von früher, haben uns aber so lange nicht gesehen, dass es sein kann, dass man sich nicht daran erinnern kann."
Dann habe ich mich vorgestellt. Ich habe gemeinsame Erlebnisse aufgezählt und Menschen erwähnt, die uns beide nah sind und an die sich vielleicht jeder schnell erinnern kann. Ich habe einfach so getan, als wenn es normal ist, nochmal von vorne zu beginnen. Das Wesentliche zu erwähnen, die Eckdaten, mit denen ich mich und auch andere mich identifizieren können. So, als wenn man sich das erste Mal vorstellt.
Ganz nebenbei habe ich wahrgenommen, was sich in mir regt: Dieses Treffen hat etwas in mir anklingen lassen, was mich noch inniger mit diesem Menschen, aber auch mit dem Leben an sich in Berührung brachte. Zudem hat mich das Vertrauen beeindruckt, das in dieser offenen Frage zum Ausdruck kam:

„Kennen wir uns?"

So viel Echtheit, Aufrichtigkeit, und ein Bekenntnis zur eigenen Unwissenheit. Und der Mut, dazu zu stehen, dass man alles vergessen hat, was der andere scheinbar noch weiß. Nackt zu sein, und sich nicht zu verstecken, sondern sich dazu zu bekennen. Keine Rolle mehr zu spielen, von der man denkt, dass sie einen gut dastehen lässt, weil man nicht mehr in der Lage ist, diese Rolle überhaupt zu verstehen.

Immer mehr lässt mich die Größe zur eigenen Kleinheit demütig werden, und ich frage mich, wie es wäre, wenn meine Begegnungen immer so ablaufen würden. Wenn ich jedem Menschen, egal wem, so gegenübertreten würde, als wenn ich ihn das allererste Mal sehe. Voller Neugier, Interesse, Offenheit, und eben dem Vertrauen, dass er mir das Wesentliche mitteilen wird, damit ich mich in der Begegnung wohl und sicher fühle.

Und was ist das Wesentliche?

Was hat dieses Treffen so anrührend und berührend gemacht? Ich spüre nach.

Es war die Sicherheit, die wir uns beide gegeben haben. Die Sicherheit, so sein zu dürfen, wie man ist. Die Schwäche, nicht zu wissen, wer der andere ist, deutlich zum Ausdruck zu bringen und dennoch liebevoll vom anderen aufgefangen zu werden.
Es war die Liebe, die Regie geführt hat, denke ich. Die Atmosphäre war geprägt von Zugewandtheit, Akzeptanz und inniger Verbundenheit.

Noch lange nach diesem Treffen begleitet mich diese liebevolle Energie und die Dankbarkeit dafür, dass ich diesem Menschen begegnet bin. So lange hat es gedauert, dass wir uns wieder getroffen haben. So lange, dass einer von uns vergessen hatte, dass wir uns kennen. Einer hat den anderen erinnert. Aber vor allem haben wir uns beide daran erinnert, dass es Liebe ist, die auf ewig verbindet, und dass es Liebe ist, die wir womöglich vergessen, wenn wir meinen, wir müssten immer alles wissen und behalten.

Meditation „Deine Seelen-Hüllen-Puppe"

Begleitinformation:
In uns allen ist ein göttlicher Kern, unsere Seele. Dieser Wesens-Kern ist unvergänglich, rein und voller Liebe. Du kannst deine Seele, deine ewige Identität oder dein ureigenes Selbst erkennen, wenn du dich von den irdischen Anhaftungen/Identifikationen löst. Es ist dann, als wenn man Zwiebelschale um Zwiebelschale entfernt und letztendlich nur noch der goldene Kern übrigbleibt. Das ist allerdings nicht immer leicht. Und es kostet uns oft Tränen, weil wir uns mit diesen Schalen identifizieren. Zu diesen Schalen gehört alles, was wir für unsere Identität halten, sowie all das, was wir vermeintlich als erstrebenswert bezeichnen, denn damit identifizieren wir uns ja auch: das sind zum Beispiel Erfolge, Zertifikate, gutes Aussehen, Anerkennung, Wertschätzung, alles Materielle, aber auch Gewohnheiten und Rituale, von denen wir glauben, dass sie uns dies alles bescheren mögen. Nichts von all diesem macht allerdings die Seele, unsere wahre Identität, aus. Und manchmal kann man sie nicht einmal mehr erkennen, so sehr sind wir zum Kunstprodukt geworden.

In der folgenden Meditation beschäftigst du dich mit dieser Thematik. Du erhältst in dieser Meditation besonders viele Informationen, deswegen ist es wichtig, dass du sehr langsam liest und dir ausreichend Zeit nimmst.
Folge in dieser Meditation gerne dem, was angeboten wird.
Erlaube dir dennoch, eigene Prozesse wahrzunehmen, auch wenn sie von den angebotenen abweichen mögen.
Und natürlich enthält auch diese Meditation die Aufforderung, sie im Alltag umzusetzen. Dafür reicht ein großes weißes Blatt Papier, das du nach und nach mit deinen Assoziationen füllen kannst.

Schließe deine Augen und lasse dich ein auf dich selbst.
Du versinkst einfach in dir.
Und die Schwere deiner Augenlider senkt sich nicht nur über deine Augen, sondern weit in deinen Körper hinein und zieht dich in eine angenehme und tiefe Ruhe. Selbst das Atmen verlang-

samt sich und deine Ausatmung wird automatisch vollständiger, so dass du immer weiter loslassen kannst.
Ach wie schön es ist, so tief zu entspannen. Einfach nur loslassen.
Genieße für einen Moment.
Einatmen, ausatmen, loslassen, schwerer werden, tiefer sinken.

Und dann lasse dich ein auf einen Satz aus der Bibel, den du vielleicht schon gehört hast:

„Gott sieht die Person nicht an"
(Aus der Apostelgeschichte 10, 34)

Vielleicht kannst du erahnen, was er bedeutet.
Gott schaut tiefer in dich hinein, dorthin, wo deine Seele, dein ureigenes Selbst wohnt. Alles andere ist für ihn bedeutungslos.
Für dich auch?

So klar scheint es dir vielleicht nicht. Denn alles, was du mit deiner Person verbindest, ist eindeutig mehr als deine Seele. Zumal du vielleicht auch nicht eindeutig weißt, wie genau du deine Seele beschreiben würdest. Was macht sie aus? Irgendwie scheint sie undefinierbar.
Magst du tiefer gehen und dir darüber klar werden?
Ein einfaches Ja genügt.

Und du darfst beginnen, dem Sinn-Bild zu folgen, das dir hier angeboten wird:

Du siehst ein Bild vor dir. Deine Seele, dein ureigenes Selbst, liegt in der Mitte dieses Bildes. Deine Seele ist dein Zentrum und dein Wesenskern. Du bist dieses Selbst. Und dieses Selbst ist die Wahrheit deines Herzens.
Du allerdings hast mehr aus dir gemacht, und dieses Mehr hat dich dazu veranlasst zu glauben, dass du das bist, dieses Mehr. Und dieses Mehr hat dich ganz unbemerkt vergessen lassen, dass du ursprünglich und auch auf immer *nur* dein Selbst bist. Nicht mehr und nicht weniger.
Dein Selbst ist Liebe in seiner alles umfassenden Form.
Liebe, die nie vergeht.

Du hast etwas über diese Liebe gestülpt. Wir nennen es Hüllen. Diese Hüllen sehen aus wie Schleier. Und weil sie möglicherweise sehr schön aussehen, haben sie dich vergessen lassen, dass unter ihnen etwas verborgen liegt, das noch viel schöner und kostbarer ist, als du dir in dieser Welt vorstellen kannst.

Der Ausdruck Schleier ist eine gute Umschreibung für all die Identifikationen, mit denen du dich selbst versehen hast: es hat mit deinem Namen begonnen und endet bisweilen bei der Kleidung, die für dich wichtig ist und an die du manchmal deinen Selbstwert knüpfst. Dazwischen sind all die Rollen, die du im Laufe des Tages und deines Lebens einnimmst und mit denen du dich identifizierst. Die Rolle der Mutter oder des Vaters, des Kindes, des Berufstätigen oder auch andere. Sie sind dir wichtig und du gehst oft ganz in diesen Rollen auf. Zu den Schleiern zählen zudem die Zertifikate und Erfolge, die dir erstrebenswert erscheinen, um dich gut zu fühlen. Dazu zählt aber auch all das, von dem du denkst, dass es zu deinem Glück beiträgt, wie zum Beispiel Geld, Haus, Kinder, Verheiratet sein oder genug zum Essen zu haben.
Oft ist es dann so, dass wir meinen, dies alles zu brauchen.
Und wenn du glaubst, dass du etwas brauchst, führt das dazu, dass du dich mit dem identifizierst, was du zu brauchen meinst. Dieses Denken und die daraus resultierenden Erfahrungen sind oft mit Schmerz verbunden. Denn das erwünschte Glück hält irgendwie nicht dauerhaft an, wenn du es denn überhaupt erlangst.

Atme einige Male durch, um zu verarbeiten, was du eben erfahren hast. Und erinnere dich dann wiederum an den Satz:

„Gott sieht die Person nicht an."

Vielleicht wird dir klar, dass all das, was du über dein Selbst, deine wahre Seele gelegt hast, unbedeutend für Gott ist. Dass er es nicht einmal kennt, weil er es nicht als DICH SELBST und DEINE WAHRHEIT ansieht. Er sieht dich nicht darin, weil du viel mehr bist und er dich nicht als Weniger ansehen will. Kannst du das verstehen?

Ein neues Bild erscheint in dir.
Es zeigt eine Puppe, die in immer größer werden Puppen- Varianten ineinander gestapelt ist. Im Außen ist die Puppe groß, im Inneren wird sie immer kleiner. Die kleinste Puppe ist zart und von außen höchstens zu erahnen, denn sie ist ja mit den vielen größer werdenden Puppen umgeben und erscheint dadurch wie zugedeckt.
Ein Begriff schleicht sich in dein Bewusstsein:

Meine Seelen-Hüllen-Puppe.

Sofort empfindest du Zuneigung zu dieser Puppe.
Vielleicht sogar Liebe?
Deine Puppe strahlt von innen heraus. Und irgendwie strahlt sie dich an.
Und du beginnst, sie nach und nach zu öffnen und freizulegen.
Mit jeder einzelnen Schicht verbindest du etwas, das du über diese kleinste Puppe gehüllt hast.
Es sind Form-Hüllen, die du für deine Identität gehalten hast.
Es sind Gedanken, die du geglaubt hast und die dir vielleicht immer noch wichtig sind.
Es sind Gefühle, mit denen du immer wieder zu tun hast und die dich bisweilen vergessen lassen, was du bist.

Und deswegen darfst du dir jetzt Zeit nehmen, um dich mit den Hüllen deiner Seelenpuppe zu beschäftigen.
Vielleicht spürst du sogar den Wunsch danach. Vielleicht ist es auch ein Drängen, was von innen kommt. Und je näher du ihm kommst, desto strahlender wird es sein. Es ist das goldene Licht, das die kleinste deiner Seelenpuppe zu dir hin leuchtet. Und du darfst dich von ihm führen und leiten lassen. Magst du?

Schau dir alles an, was du vermeintlich als dich selbst angesehen hast, obwohl du doch im tiefen Inneren vollkommene und immerwährende Liebe bist.

(Pause)

Nimm dir bitte im Anschluss ausreichend Zeit, um so lange nachzuspüren, wie es für dich nötig erscheint.

Mache zum Abschluss eine für dich angemessene Pause, bevor du ganz in deinen Alltag zurückkehrst.

Meditation „Ertragen" oder „Er trägt"

Begleitinformation:
Wahrscheinlich hast du schon die Erfahrung gemacht, dass du dich erst dann mit dir beschäftigst, wenn es dir wirklich schlecht geht. Dass du erst dann bereit bist, dich zu ändern oder deine Einstellungen zu hinterfragen, wenn du nicht mehr weiterweißt. Das ist nicht schlimm. So sind wir Menschen eben, die meisten zumindest. Erst wenn wir zutiefst leiden, wachen wir auf und machen uns auf den Weg. Wir wollen dann etwas ändern. Und das ist immer mit Mühe verbunden, deswegen bleiben wir ja in der Regel auf den gleichen Wegen, in den gleichen Mustern und Gewohnheiten. Veränderung ist anstrengend. Und deswegen kann dann ein motivierender Hinweis helfen, dass wir nichts und niemals etwas alleine tragen müssen, dass wir sowieso nie alleine sind, sondern dass es immer eine höhere (innere) Kraft gibt, die uns trägt und an die wir uns erinnern können. Die wir sogar um Hilfe bitten können.
Wir sind nie alleine, auch wenn wir es bisweilen glauben. Darum geht es in dieser Meditation.

Stelle sicher, dass du für eine Weile ungestört bist und nimm eine ruhige Haltung ein. Folge der Meditation und sei aufmerksam für das, was sich in dir ereignet. Nimm auch wahr, wenn du andere Gefühle hast als diejenigen, die dir angeboten werden.

Gab es in deinem Leben schon Situationen, in denen du gedacht hast, dass du nicht mehr und auch nichts Weiteres ertragen kannst?
„Es ist genug", magst du gedacht haben.
„Mehr geht nicht", mag es in dir gerufen haben.
Vielleicht warst du voller Schmerz, voll von Traurigkeit, voller Verzweiflung, voll von Sorge, voller Enttäuschung, voller Hoffnungslosigkeit. Es grenzte womöglich an ein „Aufgeben wollen", ein „nicht mehr weiter machen wollen".
Erinnerst du dich an so eine Situation?
„Wirklich nicht gerne", magst du vielleicht einwenden, und doch wirst du dich an die ein oder andere Gegebenheit in deinem Le-

ben zurückerinnert haben, in der du ähnliche Gedanken und Gefühle gehabt haben magst.
Folge dir in die Erinnerung hinein. Noch einmal hinein in dieses Gefühl, mit dem du alles andere als glückliche Erinnerungen verbindest. Ist das ok für dich?

Schließe dann deine Augen, auch wenn es nur innerlich ist, und sie nach außen offenbleiben.
Versenke dich in dich hinein.
Vielleicht spürst du deinen Herzschlag.
Vielleicht bist du aufgeregt, weil du lieber dagegen ankämpfen möchtest, noch einmal so intensiv zu fühlen. „Es ist eben etwas anderes, wenn man zutiefst glücklich ist, als wenn man so verzweifelt ist, dass man den Sinn des Lebens zu verlieren scheint", magst du mir vielleicht sagen wollen.
„Stimmt! Ich verstehe dich", würde ich antworten. „Und ich lade dich ein, dir dennoch zu folgen in dieses Gefühl hinein. „Ich bleibe bei dir", sage ich dir auch.

Vielleicht brauchst du noch ein wenig Zeit, um dir darüber klar zu werden, ob du diese Reise hinein in deine gefühlte Erinnerung unternehmen magst. Und gleichzeitig wird dir wahrscheinlich deutlich, dass du sie längst begonnen hast, diese Reise.

Du fühlst das „Rauf und Runter", das Schaukeln in dir. Das Wogen der Emotionen, der Gedanken vielleicht auch.
Du erinnerst dich vermutlich an eine konkrete Situation, die mit intensiven Gefühlen verbunden war. Vielleicht ist aber auch nur das erinnerte Gefühl einer bestimmten Lebensphase in dir präsent und du willst alles andere gar nicht mehr in dein Bewusstsein lassen. Das ist in Ordnung. Und doch ist dir bewusst, dass es in deinem Leben Höhe und Tiefen gab. Und die Tiefen sich manchmal sehr tief angefühlt haben. Und jetzt ist das Gefühl in dir noch einmal ganz präsent. Und mehr musst du gar nicht tun. Einfach nur fühlen und den Worten lauschen, die dein Gefühl zu beschreiben versuchen.

Vielleicht ist es so, als wenn du ein kleines Stückchen Holz auf einem riesengroßen Meer zu sein scheinst, was sich nicht wehren kann gegen das Tosen und Brausen des Meeres. Mal bist du

oben auf dem höchsten Gipfel einer Welle, mal ganz unten im tiefen Tal. Dort hast du dann den Eindruck, als wenn du von den Wellen, die sich über dir aufbauen, verschlungen wirst. Du hast keine Chance, irgendetwas gegen sie zu unternehmen. Irgendwie ist dir klar, dass du es geschehen lassen musst. Du kannst nichts tun.
Wie im Leben.
Ein Rauf und ein Runter. Licht und Dunkelheit.
Oben scheint die Sonne, unten ist nichts als über dir hereinbrechende Dunkelheit.
Du könntest dich fragen: „Welchen Sinn sollte es haben?"
„Sich wie ein Holzstückchen zu fühlen, das in seiner klitzekleinen Unvollkommenheit nichts ausrichten kann gegen die Großartigkeit und Unbesiegbarkeit des Meeres?"
Vielleicht sinkst du noch ein wenig tiefer in deine Gefühle hinein. Und du spürst, dass dir nichts übrigbleibt als dich dem Auf und Ab ganz hinzugeben.

Und so lässt du dich ein.
Und spürst.
Und gibst dich hin.
Dein Körper fühlt sich vielleicht holzig an. Vielleicht fühlst du auch noch mehr. Nimm dir einen Augenblick Zeit dafür.

Immer noch schwimmst du auf dem Meer.

Und dir wird klar, dass du für einen Moment nichts gedacht hast. Dass du dich einfach nur gefühlt hast. Und wenn du noch tiefer in deine Reflexion hineingehst, mag dir deutlich werden, dass du friedlich warst. Sogar jetzt fühlst du dich irgendwie immer noch friedlich. Oder?
Du bist ein kleines Stückchen Holz auf dem riesengroßen Meer. Du schwimmst sicher als kleines Holz auf großen Wellen. Manchmal wirst du sogar in die Luft geschleudert und für einen Moment fliegst du durch die Luft. Dabei kommst du der Sonne nah. Sie wärmt dich. Und schon landest du wieder, und du bist zurück auf dem Meer. Eigentlich ganz schön.
Und wieder spürst du eine Weile nach. Du schwimmst ja ganz sicher als kleines Holz auf großem Meer.
(Pause)

Hinweis:
Hier hast du die Möglichkeit, zu verweilen und dich tragen zu lassen, solange du magst. Den nun folgenden Abschnitt kannst du auch noch später lesen.

...

Das Leben entsteht in der Tiefe.
Aus der Tiefe des Meeres steigt das Leben nach oben, und das Leben tanzt als kleine Welle auf dem Ozean. Viele kleine Wellen tanzen als Tanz des Lebens auf dem Lebensmeer. Viele dieser Wellen haben vergessen, dass sie als Leben aus den Tiefen des Ozeans emporgestiegen sind.
Genau wie du.

Das Meer ist das Leben.
Das Leben trägt die Wellen. Und wenn sich die Wellen auf dieses Wissen ausrichten würden, dann könnten sie erahnen, dass tief in ihnen der Ozean lebt, der sie trägt. Es ist sogar mehr als Tragen. Aus dem Ozean entstehen sie, in das Meer gehen sie zurück. Und immer wieder werden sie zum großen Meer, aus dem sie entstanden sind.

Das Meer ist still. Es erlebt sich durch die Wellen. Durch all die Erlebnisse, die die Wellen auf dem großen Lebensmeer erfahren, erlebt sich der Ozean als sich selbst.

Die Größe des Ozeans zu erkennen, ist die Aufgabe jeder einzelnen Welle. Auch, wenn sie das vergessen hat. Und auch wenn sie an einem kleinen Stückchen Holz schwer zu tragen scheint, wird sie doch vom großen Ozean getragen, der sich dabei selbst als Welle erlebt. Und die Welle trägt das Meer in sich, und mit diesem Erkennen war nie ein Unterschied vorhanden zwischen dem riesengroßen Ozean und der kleinen Welle, auf der ein klitzekleines Holzstückchen schwimmt.

...

Lass du dich tragen, so lange du möchtest.

...

Und nach einer Weile, die du bestimmst, wirst du dir wieder deiner selbst bewusst.
Du spürst deinen Körper, lauschst deinem Atem, spürst die Energie in deinen Adern rauschen.
Und vielleicht spürst du eine tief verankerte Sicherheit in dir, die dich darauf vertrauen lässt, dass alles, was in deinem Leben geschieht, zu deinem Besten ist, auch wenn es sich mal schmerzlich anfühlen mag.

Meditationsgeschichte „Das Wirkliche"

Begleitinformation:
In den alten indischen Schriften wird darauf hingewiesen, dass das größte Hindernis auf dem Weg zur Erleuchtung unsere Unwissenheit ist. Wir wissen weder, was wahr noch was wirklich ist. Auch wissen wir nicht, wer wir sind und was uns im tiefsten Inneren ausmacht. Wir lassen uns täuschen und bemerken es in der Regel nicht. Wir glauben das, was wir denken. Ein Beispiel aus den Schriften verdeutlicht das:
Zwei Wanderer gehen in der anbrechenden Dunkelheit auf einem Waldweg spazieren. Sie sind erschöpft von der Wanderung. Plötzlich schreckt einer von beiden auf. Vor ihnen liegt ein langer und gekrümmter Gegenstand, der aussieht wie eine große dunkle Schlange. Sie haben Angst und überlegen, was sie tun sollen. Sie fragen sich, ob die Schlange giftig und gefährlich ist. Die Schlange jedoch scheint ruhig zu sein, sie bewegt sich nicht. So entscheiden sich die Wanderer weiterzugehen. Als sie näher an die vermeintliche Schlange kommen, entdecken sie, dass vor ihnen ein dickes Seil liegt. Sie haben sich schlicht und einfach geirrt.

Dich möchte ich einladen zu überlegen, wie es passieren konnte, dass die Wanderer ein Seil für eine Schlange hielten?
Und wo ist die Schlange geblieben, als sie sich als Seil herausstellte?

Durch das Nachdenken über diese Fragen könnte in dir die Erkenntnis reifen, dass deine Wahrnehmung durch Vorerfahrungen und deine Vergangenheit geprägt ist.
Wärest du einer von den Wanderern gewesen, hättest aber niemals etwas von einer Schlange gehört, hättest du ein Seil nicht für eine Schlange halten können.
Wärest du wie ein unschuldiges Kind gewesen, hättest du vielleicht sogar mit Neugier auf dieses Etwas geschaut.
Wir müssen also genau unterscheiden lernen, was wirklich ist oder was nur eine illusionäre Vorstellung in unseren Köpfen ist.

Der folgende Text ist wie ein Liebesbrief geschrieben. Er ist also mehr als eine Meditationsgeschichte. Und doch ist es eine Ge-

schichte, der du folgen kannst, so, als ob du einen Brief liest, den du selbst erhalten hast. Spüre, was er in dir auslöst.

Liebe Wirklichkeit.

Ich möchte dich willkommen heißen. Und ich möchte dir näherkommen, dich besser verstehen.
Ich gehe positiv und optimistisch an diese Sache heran. Ich nenne dich „Liebe Wirklichkeit". Und setze hier bereits den ersten Punkt, weil ich eigentlich gar nicht weiter nachzudenken brauche.
Du bist Wirklichkeit und Liebe in einem. Oder?

Wirklichkeit ist Liebe. Liebe ist die einzige Wirklichkeit.

Alles was nicht Liebe ist, ist auch nicht wirklich, alles was nicht wirklich ist, ist auch keine Liebe.
Eigentlich ganz einfach, wenn man es verstanden hat. Aber habe ich es *wirklich* verstanden?
Bin ich in der Lage, *dich* in jedem Moment zu erkennen, liebe Wirklichkeit? Zu verstehen, was wirklich ist und was nicht?
Meine Zweifel zeigen mein Mensch-Sein, und Mensch sein bedeutet doch, geboren zu werden, zu leben und dann wieder zu sterben.
In der Zwischenzeit lernen wir ganz viel, zweifeln viel, und wir streben nach Besitztümern, nach Glück, nach Erfolg, nach Gesundheit. Wenn ich es richtig verstanden habe, ist das alles dann nicht wirklich, weil es vergänglich ist.
Wo ist das Unvergängliche im Vergänglichen?
Ich kann es vielleicht erahnen, aber bin ich wirklich sicher?
Kann ich das Unendliche in jedem Ereignis erkennen? In jeder Vergänglichkeit?
Manchmal scheint es so schwer und unerreichbar.

Eines ist mir klar:
Ich habe bereits Schmerz erfahren, aber ich lebe immer noch.
Ich wurde schon enttäuscht, aber ich lebe immer noch.
Ich habe schon öfter gedacht, dass meine Grenzen erreicht sind, aber ich habe weiter geatmet. Und ich atme immer noch.

Durch all meine Lebensereignisse hat sich etwas hindurchgezogen, wie ein unsichtbarer Faden. War er immer schon da?

Ist es der Geist in der Natur?
Das Unvergängliche im Vergänglichen?
Das Wirkliche im Unwirklichen?
Gott?

Liebe Wirklichkeit.
Vielleicht sollte ich dich anders benennen.
Du bist eher der stille Beobachter in mir, auch derjenige, der mich zu diesen Erkenntnissen führt, derjenige, der präsent und leise in mir verweilt, bis ich ihn wahrnehme und mit ihm in diese Rolle schlüpfe.

Liebe Wirklichkeit.
Du bist mein stiller Beobachter, meine unendlich währende Präsenz in mir. Immer wieder kann ich in dir zur Ruhe kommen, meinen Frieden finden, Liebe spüren. Denn du bist immer da, in dir ist nichts als friedliche Leere, wie eine Bühne, auf der sich das Leben offenbart. Und wenn es vorbei zu sein scheint, dann bleibst du trotzdem, bis sich für mich das nächste Leben in Szene setzt.

Liebe Wirklichkeit.
Wie oft schon hast du mich getröstet, ohne dass ich es bemerkt habe.
Wie oft schon hast du mich gehalten.
Wie oft schon hast du mich geführt.
Trotz all meiner Zweifel hast du nie gezweifelt, weder an dir noch an mir. Du bist geblieben mit einer unendlich währenden Geduld, bis ich dich erkenne.
Wie viele Leben wartest du auf mich? Darauf, dass ich eins werde mit dir.

Welch kostbarer Moment es ist, wenn ich dir so nahe bin wie jetzt.

Doch immer wieder lasse ich mich wegziehen durch Ereignisse in meinem Leben. Bis ich mich wieder deiner Präsenz öffne. Und für einen Moment Unendlichkeit erfahre.

Ich werde weiter üben, immer wieder, diese Momente zu verlängern, bis aus den vielen ein einziger geworden ist.

Meditation „Genau wie ich"

Begleitinformation:
In der spirituellen Entwicklung kann es immer wieder zur Herausforderung werden, negative Gefühle, Bewertungen und Urteile zu registrieren. Wir sind oft der Meinung, dass wir nicht negativ empfinden dürfen, weil wir dann unseren spirituellen Glanz verlieren. Und so werfen wir uns den esoterischen „Licht und Liebe Mantel" über und glauben, dass dies reicht, um zu erwachen. Leider reicht es nicht. Denn wir müssen es wagen, unsere Urteile, Bewertungen, Abneigungen und negativen Gefühle, die andere Menschen in uns auslösen, anzuschauen. Und zusätzlich dürfen wir beginnen zu begreifen, dass es daneben etwas im Anderen gibt, was uns gleicht.
Uns verbindet dieselbe Essenz, die aus reiner Liebe besteht, ganz unabhängig davon, wie wir den anderen als Menschen bewerten und erleben.
Bisweilen scheint es schwer zu sein, die Ebenen auseinander zu halten. Die Ebene, die unsere Essenz ausmacht, und die Ebene des Irdischen, in der es Gut und Böse, Arm und Reich, Täter und Opfer usw. gibt.
Wenn du aber beides im Blick hast, schaffst du es besser, durch die Form des Geschehenen oder der Person hindurchzusehen in dem Wissen, dass der andere genauso göttlich/liebenswert und ein Mensch ist, der sich nach Liebe sehnt, so wie du. Und das kann helfen, ein wenig Abstand zu negativen Emotionen zu bekommen, ohne sie deswegen zu verleugnen.

Die folgende Meditation kann dich dabei unterstützen, dich dieser Sichtweise anzunähern.
Und auch für den Fall, dass du zurzeit keine Zweifel, keine Ablehnung oder keine Abneigungen spürst, können die hier angebotenen Hilfestellungen eine mögliche Orientierung für dich sein.

Entscheide dich für eine kleine Weile deiner Zeit, dich ganz auf dich einzulassen. Es mögen Zweifel in dir sein, ob es die erhoffte Erlösung für dich bringen wird. Denn wie oft magst du schon versucht haben, durch eine Meditation mehr inneren Frieden zu fühlen, und wie oft hat es vielleicht nicht geklappt oder nur kurz angedauert, dieses kleine Gefühl von Erleichterung. Und immer wieder sind womöglich Zweifel aufgekommen, ob eine Meditation dir wirklich helfen kann, dich friedlicher und glücklicher zu fühlen.

Erlaube dir doch diese Zweifel, wenn du sie hast!

Spürst du die Entspannung, die eintritt, wenn du dir eine Erlaubnis gibst?

Eigentlich müsstest du dich sofort entlastet und entspannt fühlen. Ich wiederhole es noch einmal: Erlaube dir alle Zweifel, die du hast. Rufe sie sogar vor dein inneres Auge. Nimm dir Zeit dafür.

Und dann entspanne dich in diese Zweifel hinein.
Entspanne dich, indem du ganz bewusst tief ein- und ausatmest und dich auf dieses tiefe Atmen konzentrierst.
Versuche, bei jeder Ausatmung darauf zu achten, dass du alles, was deine Lungen hergeben, hinaus atmest. Strenge dich nicht sonderlich an dafür. Mach es so gut, wie es dir jetzt möglich ist.

Und wenn du dich ein klein wenig entspannter fühlst, überlege einmal, was genau dich eigentlich zweifeln lässt, und warum du es bisweilen schwer empfinden magst, ein dauerhaftes Gefühl von Frieden und Glück zu erreichen.
Weißt du es?

Vielleicht sind dir Gedanken in den Sinn gekommen, die mit anderen Menschen zu tun haben. Du magst vielleicht denken, dass sich diese Menschen dir gegenüber nicht liebevoll genug verhalten. Vielleicht lehnst du diese Menschen auch auf ganzer Linie ab. Spüre mal, ob du solche Gedanken in dir finden kannst. Oft glauben wir, dass unser ganzes Glück davon abhängen würde, dass diese Menschen sich ändern. Und wenn dann nichts passiert, zweifeln wir irgendwie an allem. Das Leben erscheint uns nicht mehr schön oder wir ärgern uns womöglich.
Kennst du das?

Wie auch immer deine Antwort ausfällt, lass es, wie es ist.

Magst du dich einer weiteren Perspektive öffnen?

Nimm dafür einen tiefen Atemzug und schließe erneut und bewusst deine Augen.

Entspanne dich erneut, so gut es jetzt möglich ist.
Und dann lasse Personen aus deinem Leben vor dein inneres Auge treten, gegenüber denen du irgendeine Form von Ärger oder Groll empfindest. Es dürfen ruhig Menschen sein, für die du größere Ablehnung empfindest und denen du dich überhaupt nicht nah fühlst. Aber auch die Menschen, die uns am liebsten sind, lösen bisweilen Groll in uns aus. Denn auch sie verhalten sich oft gar nicht so, wie wir uns das wünschen.
Lass dir Zeit für deine Auswahl.

Und dann nimm wahr, was genau du über diese Menschen denkst.
Sei ehrlich und offen all den Bewertungen und Emotionen gegenüber. Und lass sie so stehen, indem du dir erlaubst, genauso zu empfinden, wie du empfindest.

Dann mache dich bereit für eine neue Entscheidung:

Beschließe, dass du jeden einzelnen dieser Menschen als deinen Freund ansehen möchtest.

Wie reagierst du auf dieses Angebot?

Sei ganz ehrlich, denn es ist menschlich, dass wir gerne Recht haben wollen. Und das hat zwangsläufig zur Folge, dass wir gerne an unserem Ärger festhalten. Und dass wir den anderen nicht als Freund sehen wollen. Das ist ok.

Überlege trotzdem noch einmal:
Magst du probieren, jeden einzelnen dieser Menschen als deinen Freund zu betrachten? Vielleicht nur für einen klitzekleinen Augenblick? Vielleicht auch nur deswegen, weil es einen Teil in dir gibt, der dies als hilfreich und entlastend ansehen würde?
Versuche dieses Ja zu finden, auch wenn es klein sein mag.

Kannst du die Entspannung fühlen, die dieses Ja auslöst?

Unabhängig davon, ob es dir schwerfallen sollte oder nicht, rufe die Menschen einzeln und nacheinander vor dein inneres Auge und sage dir dann:

„Genau wie ich sehnt sich dieser Mensch nach Liebe."
„Genau wie ich ist dieser Mensch ein von Gott geschaffenes Wesen."
„Genau wie ich macht dieser Mensch Fehler."
„Genau wie ich hat dieser Mensch Verletzungen und Wunden, die nach Heilung rufen".
„Genau wie ich ist dieser Mensch in seinem Kern unveränderliche Liebe".

Spüre nach.
Nimm dir Zeit.
Beobachte, was sich in dir regt.
Wiederhole die Sätze, wenn du magst.
Beende dann die Meditation.

Versuche, diese Übung mit in deinen Alltag zu nehmen und so oft es dir möglich ist wahrzunehmen, wie du andere Menschen siehst und du ihnen gegenüber empfindest. Verurteile dich dabei nicht, sondern stelle es lediglich fest. Und dann versuche dich daran zu erinnern, dass es eine Ebene gibt, auf der du gleich viel wert bist wie jeder andere Mensch auch. Und auf dieser Ebene hast du die Möglichkeit, jeden als deinen Freund zu betrachten.

Meditation „Das eine Licht"

Begleitinformation:
Diese Meditation greift die Thematik der vorhergehenden noch einmal auf und vertieft sie.
In unserer Essenz sind wir reines Licht, oder eben reine und ewige Liebe. So schön die Vorstellung auch ist, hilft sie uns im Alltag oft nicht weiter. Denn wir hadern doch alle bisweilen mit dem Verhalten eines anderen oder glauben, ungerecht behandelt zu werden. Dadurch lehnen wir andere Menschen ab, verurteilen sie und sehen uns schnell als besser, vielleicht auch als schlechter an, wenn wir uns selbst nicht mögen.
Auch wenn wir meinen, uns vor anderen schützen zu müssen, sind wir mitten drin im Verurteilen und bewerten uns als besser, spiritueller oder erleuchteter als manch anderen. Zumindest bewerten wir uns als schützenswürdig, und den anderen folglich als potentiellen Feind. Und genau das führt nicht in die Erleuchtung, auch nicht in die Liebe.
Die Wahrheit zu kennen bedeutet, das „eine Licht" in allen zu sehen, egal wie gut oder böse im irdischen Sinne sie sich verhalten. Das heißt nicht, dass wir uns alles gefallen lassen oder keine Meinung haben sollen. Im Gegenteil. Wir dürfen Position beziehen, wir müssen nicht mit Menschen Zeit verbringen, die uns nicht guttun, aber wir dürfen uns mit unseren Einstellungen oder Verhaltensweisen nicht als besser oder schlechter bewerten. Das bedeutet in der Umsetzung, dass wir versuchen, immer in der Liebe/Akzeptanz zu bleiben, also in Verbindung zu sein mit dem, was wir sind. Und die Liebe könnte gleichzeitig sagen: „Ich wünsche dir einen guten Weg, denn deiner ist zurzeit nicht meiner." Die Liebe könnte auch sagen: „Ich beginne erst einmal, mich selbst zu mögen gerade dann, wenn ich voller Vor-Urteile bin".
Ziel der Selbst-Verwirklichung ist es anzuerkennen, dass wir alle das eine Licht in uns tragen, was uns mit unserem Ursprung, unserer Essenz, verbindet. Es verbindet uns alle. Und somit sind wir alle gleich und eins. Im tiefsten und innersten Kern zumindest.

Die folgende Meditation begleitet dich hin zu diesem einen Licht, was uns allen gemeinsam ist.

Mache dich bereit für eine Zeit nur für dich. Und stelle dir sogleich die Frage, ob es eigentlich möglich ist, Zeit nur für dich zu haben? Denn sind in dir nicht ganz Viele? Viele Stimmen und Anteile, die ganz unterschiedliche Meinungen vertreten und stets und ständig in dir plappern? Ist in dir nicht so viel los, dass du dir kaum vorstellen kannst, dass jemals Ruhe einkehren kann?

Womöglich hast du Recht. Denn es scheint kaum vorstellbar, in Stille und Ruhe ganz bei sich zu sein. Ganz bei sich selbst. Gegenwärtig.
Mehr ist dann nicht da. Einfach nur Gegenwart. Eine Gegenwart, die einfach nur ist. Reine und ruhige Präsenz. Wie eine innere Ruhe, die stets und ständig bleibt.
Kennst du sie?

Diese ruhige Präsenz heißt auch Leben. Das Leben *ist* einfach. Es ist ruhig, still, allgegenwärtig und allumfassend. Und vielleicht hilft dir die Vorstellung, dass in dieser allgegenwärtigen Stille und Gegenwart alles da sein darf, ohne dass irgendetwas davon die tiefe Ruhe stören könnte. Denn sie lässt sich nicht stören.

Vermutlich bist du jetzt ganz nebenbei tiefer in deine Gedanken versunken. Das ist gut. In Gedanken in sich selbst zu versinken ist ein bedeutsamer Schritt. Denn du machst dich dabei unabhängig von den Ereignissen, die im außen vor sich gehen. Du beachtest sie nicht, weil du sie für einen Moment nicht registrierst. Die Sinnesreize haben keine Bedeutung mehr für dich, auch wenn es nur für eine kurze Weile sein mag. Diese kurze Weile ist JETZT.

Bleibe in der gedanklichen Ruhe, die du jetzt in dir wahrnehmen kannst.
Versinke in diese Ruhe hinein.
Genieße es, dich unabhängig von dem zu machen, was im Außen vor sich geht.
Und vielleicht bemerkst du sogar, dass dieses Sinken in die Ruhe hinein wie ein Abtauchen in ein großes weites Meer sein kann, das dich aufnimmt und dich trägt. Und je mehr du dich darauf einlässt, dies zu spüren, desto unwichtiger wird alles andere für dich sein.

Und so wirst du nach und nach zu diesem Meer der Ruhe.
Du spürst keine Grenzen mehr, und eine Identität als getrenntes Wesen in einer Menge von anderen ist für dich nicht mehr wahrnehmbar. Du bist diese Menge. Eine Menge von Meer. Mehr nicht. Und auch nicht weniger.

Voller Hingabe und Eins Sein.
Purer Genuss.

Und nach einer Weile bemerkst du eine warme Stelle in deinem Inneren. Du könntest es Bauchraum nennen, aber es ist so viel mehr. Es ist nicht nur dein Bauch, es ist die Mitte des Meeres in dir. Eine kleine warme Stelle in der Mitte und Tiefe deines Seelenmeeres. Wie ein warmes weißes Leuchten einer kleinen Kerze in der Dunkelheit. Die kleine Kerze erleuchtet und erwärmt die Dunkelheit. Die große weite Dunkelheit im Seelenmeer. Und die kleine Kerze leuchtet einfach so. Sie ist im Einklang mit ihrem Sein. Sie leuchtet im Leben, das ist.
Spüre es.

Und je mehr du dieses warme Gefühl in deinem Inneren leuchten lässt, desto mehr wird die klar:

Du bist dieses Licht. Das Licht, das als Leben leuchtet.

Atme tief ein und aus.
Und beobachte deine Gefühle. Und wenn du magst, nimm sie für einen Moment ganz bewusst wahr. Und dann lass sie einfach wieder in Ruhe und unbeachtet weiterfließen.

Und vielleicht magst du dir vorzustellen, dass dieselbe kleine warme Kerze in allen Menschen leuchtet, genauso wie in dir.
Du siehst sie vor dir, diese Menschen, die leuchten, mit leuchtenden Kerzen in ihrem Inneren.

Dieses Licht ist eine Widerspiegelung von einem großen Licht, das Leben heißt. Es hört nie auf, und es beginnt auch nicht, weil es nicht enden kann. Es *ist* einfach.

(Kleine Pause)

Ein neues Bild kommt dir in den Sinn. Du folgst ihm.

Du siehst *dich* als kleine Kerze in einem Gefäß.
Andere Gefäße stehen um dich herum. Manche sind sehr nah, andere weiter weg. Die Gefäße unterscheiden sich in ihrer Größe, in der Farbe, in der Form. Auch in ihrer Beschaffenheit.
Manche sind durchsichtiger als andere. Einige sehen zerbrechlich aus, und bei manchen kannst du erkennen, dass das Gefäß bereits Risse aufweist. Sie werden bald zerbrechen. Aber die kleinen Kerzen in diesen Gefäßen brennen unermüdlich. Und sie werden weiter brennen, wenn das Gefäß zerbricht. Sie werden eingehen in das große Licht, das sie immer waren, auch wenn sie bisweilen gedacht haben mögen, dass sie nur eine kleine Kerze in einem zerbrechlichen Gefäß sind.

Kannst du es sehen, dieses Licht?
…

Bleibe in deinen Seelenbildern, solange du sie halten kannst.

Vertiefe dann deinen Atem, recke und strecke dich, so wie es dir guttut, und komme dann in deinem Tempo zurück.
Versuche, die Verbindung zu deinem inneren Licht zu halten.

Meditation „Ich bin das auch"

Begleitinformation:
In dieser Meditation wird die Thematik der vorherigen beiden Meditationen fortgeführt und der Aspekt vertieft, der uns am schwersten fällt. Wir schauen uns das an, was wir bei anderen bewerten, beurteilen, mögen und nicht mögen.
Alles hat mit uns zu tun, es sind ja unsere Bewertungen. Und deswegen ist es wichtig, sich dieser Bewertungen bewusst zu werden.
Das spirituelle Gesetz, was dem zugrunde liegt, ist so formuliert: Das, was du im Außen siehst, ist nur ein Spiegel deiner selbst.
Dieses spirituelle Gesetz ist natürlich auf Kleines wie Großes anwendbar, auf Positives wie Negatives, auf Schweres und Leichtes. Und manchmal fällt es leichter, sich im Alltag in seiner Anwendung zu üben. Was nicht bedeutet, dass du nicht auch das große Ganze mit betrachten darfst. Das große Ganze würde formulieren: Gott, die Schöpfung, hat dich geschaffen wie sich selbst. Alles, so auch du, bist göttlich, universell, ein Ausdruck der Schöpfung. Dieses allumfassend Liebende ist in dir und in allen anderen zu finden.
Dass wir diese Wahrheit vergessen haben, zeigt sich immer dann, wenn wir andere beurteilen und bewerten. Wir sind dann ganz in unserem Verstand bzw. unserer Ego-Identität verhaftet. In dieser Ego-Identität fühlen wir uns getrennt von anderen Menschen (von Gott sowieso), und durch das Gefühl von Getrennt und Unverbunden Sein versuchen wir, uns besser dastehen zu lassen als andere. Dadurch verstricken wir uns oft in permanenten Wettbewerbs- oder Bewertungsprozessen. Dahinter steht ein tief verankertes Minderwertigkeitsgefühl, das letztendlich nur daraus entstanden ist, dass wir unser Anbindung an unsere Quelle verloren zu haben glauben und dies in der Welt zu lösen versuchen, wo es nicht zu lösen ist.
Wenn wir uns jedoch daran erinnern würden, wer wir sind, dann könnten wir viel eher damit beginnen, Projektionen zurückzunehmen, und uns an das Wesentliche erinnern.
Und so können die anderen Menschen gute Hinweisgeber für uns sein, damit wir erkennen, was eigentlich zu uns gehört. Wenn wir dann gegen nichts mehr ankämpfen, weil wir alles zu

akzeptieren gelernt haben, dann erinnern wir uns sicher bald daran, dass wir alle die Liebe verdient haben, die wir sind.

Mache dich nun bereit für die Meditation.
Und nimm deine Erkenntnisse gerne mit hinüber in deinen Alltag.

Nimm dir einen Moment Zeit.
Suche dir einen ruhigen Platz, der dir hilft, dich darauf zu besinnen, für eine kleine Weile Zeit mit dir zu verbringen.
Komme in deinem Tempo zur Ruhe. Die Konzentration auf deine Atmung wird dir dabei helfen. Dabei lenkst du bewusst deine Aufmerksamkeit auf das Ein- und Ausatmen und spürst nach, wie du dich ganz langsam und sicher entspannst.

Entscheide dich nun, dich darauf einzulassen, dich selbst in anderen Menschen zu erkennen. Es wird vielleicht nicht immer leicht sein. Und vielleicht scheint es sogar noch schwerer mit der Ankündigung, dass es darum geht, dich selbst im anderen lieben zu lernen.
Nimm dir also Zeit, dich innerlich vorzubereiten. Nimm auch deine Einwände wahr oder Ablehnung, wenn du solche Regungen in dir spürst. Alles darf sein. Erinnere dich an die akzeptierende Haltung dir selbst gegenüber.

Schließe dann deine Augen.
Konzentriere dich wieder auf deine Atmung. Beobachte zunächst nur, wie tief oder flach du ein- und ausatmest. Versuche, dies lediglich wahrzunehmen und keine Urteile darüber zu fällen, ob du deine Atmung als gut erachtest oder nicht. Lass sie einfach, wie sie ist. Allein deine Aufmerksamkeit lässt sie nach und nach ruhiger werden. Du darfst es geschehen lassen. Gehe dein Tempo! Bis dein eigener innerer Rhythmus dir vorgibt, tief und vollständig ein- und auszuatmen.
Du bemerkst vielleicht, dass die Atmung wie von selbst geschieht und du beobachten kannst, wie sich deine Lungen bis nach oben in den Brustkorb mit frischem Sauerstoff füllen und sich weiten, bis es den Eindruck macht, dass es nicht weiter gehen kann. Und dann verlässt die verbrauchte Luft ganz langsam und vollständig wieder deine Lungen. Einfach so.

Vielleicht fordert dein Körper im Anschluss an die Ausatmung sogar eine Atempause ein, weil er sich so gefüllt und genährt fühlt, dass er für eine kleine Weile gar nicht mehr zu atmen braucht. Beobachte dies. Finde deinen Rhythmus. Bleibe mit deiner Aufmerksamkeit bei deiner Atmung.

Und während du auf deine tiefe Atmung achtest, erscheinen vor deinen inneren Augen Menschen aus deinem Leben. Manche kennst du gut, sie stehen dir nahe, einige andere sind vielleicht Bekannte, vielleicht auch Freunde. Die meisten wirst du mögen, manche vielleicht nicht.
Siehst du sie?

Schau dir zunächst das an, was du an diesen Menschen magst. Das können Eigenschaften sein, Verhaltensweisen, aber auch ihr schönes Aussehen oder andere äußerliche Dinge. Schränke dich nicht ein. Das, was dir in den Sinn kommt, ist gut. Betrachte es!

Wenn du so weit bist, gehe weiter und formuliere Sätze, die konkret beschreiben, was dir an diesen Menschen gefällt. Zum Beispiel könntest du sagen: „Ich finde dich mutig", oder „Du bist immer so ehrlich", oder „Du bist so schön".
Lass dir Zeit!

Und dann verlängerst du diese Sätze mit einer Ergänzung. Sie lautet: „...so wie ich".
Du sagst dann innerlich: „Du bist mutig, so wie ich".

Beobachte, was es in dir auslöst, dies zu sagen.
Vielleicht spürst du einen Hauch von Dankbarkeit, weil es einfach schön ist, so etwas über sich selbst zu hören. Es mag auch sein, dass du dich wunderst, weil du es irgendwie nicht glauben kannst, dass dies auch auf dich zutrifft. Vielleicht suchst du innerlich nach Beispielen, die belegen oder widerlegen können, dass diese Beschreibung oder Eigenschaft für dich zutreffend sein könnte. Beobachte erst einmal alles, was in dir ist, und lass es geschehen.

Erlaube dir dann, Ja zu sagen zu der Möglichkeit, dass alles richtig und zutreffend sein kann. Denn manchmal fällt dir vielleicht erst später auf, dass du in einer bestimmten Situation genauso bist, wie es dieser Eigenschaft entspricht. Erlaube dir, einfach alles zu fühlen, was dich jetzt gerade bewegt.
Nimm dir eine Weile Zeit, bis du diesen Teil der Übung beendest.

Konzentriere dich dann wieder bewusst auf deine Atmung. Vertiefe sie gegebenenfalls ein wenig, ohne dich dafür anzustrengen. Einfach nur bewusst tief ein- und ausatmen.
Und wenn du deinen Rhythmus gut spüren kannst, lenke deine Aufmerksamkeit wieder auf die Menschen, die eben schon vor deinen inneren Augen waren.
Schau sie an.

Und mache dir jetzt bewusst, was du an ihnen *nicht* magst. Wahrscheinlich fällt es dir leichter, für diese negativen Eigenschaften diejenigen Menschen auszuwählen, die du nicht gerne hast. Aber auch die, die dir nahestehen und viele positiven Eigenschaften haben, zeigen bisweilen Verhaltensweisen, die dich stören und die du vielleicht nicht ausstehen kannst. Das hast du sicher auch schon festgestellt.
Zum Beispiel könntest du jetzt formulieren: „Du bist manchmal unpünktlich, und das mag ich nicht", oder „Du bist so unsportlich" oder „Du bist so wenig hilfsbereit". Was auch immer dir einfällt, es ist richtig. Lass dir Zeit!

Und dann verlängerst du diese beschreibenden Sätze wiederum mit der Ergänzung „…so wie ich".
Beobachte, wie schwer oder leicht es dir fällt. Nimm auch wahr, wie es sich anfühlt, das Gleiche in dir zu sehen. Vielleicht findest du sogar Beispiele, die dir zeigen, dass du bisweilen genau so etwas schon getan oder die gleiche Eigenschaft gezeigt hast.
Lass alles zu.
Versuche, deine Gefühle durchfließen zu lassen, auch wenn es solche wie Widerstand, Ablehnung oder Erschrecken sind. Gib ihnen den Raum, den sie brauchen. Lehne nichts ab, und halte nichts fest.
Bleibe bei dieser Übung, bis du den Impuls hast, sie zu beenden. Bevor du die sie allerdings ganz beendest, lass alle Menschen,

die du eben vor deinen Augen gesehen hast, noch einmal vor dir in Erscheinung treten.

Und dann sagst du jedem einzelnen von ihnen:
„Du bist liebenswert, so wie du bist, ..., genau wie ich..."

(Kleine Pause)

Dann atmest du wieder bewusst tief ein und aus, bis der Atem von selbst ruhig wird und du in eine erholsame Entspannung abtauchst.
Lass die Augen so lange geschlossen und spüre nach, so lange, wie du es als angenehm empfindest.

Kehre in deinen Alltag zurück, wenn es Zeit dafür ist.
Beobachte dich immer wieder und nimm Veränderungen in deinem Verhalten wahr.

Meditation „Barmherzigkeit"

Begleitinformation:
Gedanken schaffen Wirklichkeit. Und das kannst du sofort nachvollziehen, wenn du folgende Aussagen auf dich wirken lässt:
„Ich mache alles richtig".
„Ich mache alles falsch".
Du kannst sicher sofort spüren, wie unterschiedlich sich diese beiden Sätze anfühlen und wie unterschiedlich dein Körper darauf reagiert.
Und wenn du magst, nimm dir gleich jetzt eine kleine Weile, um genau nachzuspüren, was diese Sätze in dir bewegen. Vielleicht machst du dich ein Stückchen größer und stellst dich aufrechter hin, wenn du hörst: ich mache alles richtig. Und vielleicht sinken deine Schultern ein, wenn du dir sagst: ich mache alles falsch. Vielleicht fühlst du sogar Entmutigung und hast die Idee, dir gar keine Ziele mehr setzen zu wollen, weil du denkst, dass ohnehin nichts gelingen kann. Und wie schön ist es dann, wenn du dir versichern kannst: Ich schaffe das schon, ich bin gut. Mir wird gelingen, was ich mir vornehme. Ich gebe mein Bestes.
Bisweilen bemerken wir gar nicht, wie oft wir negative Gedanken über uns hegen. Das ist vor allem deswegen bedauerlich, weil diese unser Energieniveau senken mit der Folge, dass wir uns kraftlos fühlen und sogar andere Menschen mit herunterziehen, indem wir unsere Stimmung an ihnen auslassen. Gut tut das keinem.
Was können wir also tun?
Hier kommt eine Idee, der du folgen kannst, wenn du magst. Und diese Idee ist wahrscheinlich ganz anders, als du jetzt vermutest. Also lasse dich bewusst darauf ein. (Und hier sei angemerkt, dass diese Idee natürlich nur eine Möglichkeit darstellt, sich selbst zu helfen, und es daneben noch viele weitere Alternativen gibt.)
Du versuchst in dieser Meditation, dich von negativen Gedanken zu lösen, indem du hineingehst in einen neuen Kontext. Du beamst dich sozusagen heraus aus dem destruktiven Gedankenkarussell, indem du bewusst die Entscheidung triffst, dankbar zu sein. Und schon hast du mehr Abstand zu all dem, was du vorher vielleicht gedacht hast.

Die Meditation zeigt dir den Weg. Sie ist zwar als Meditation geschrieben, die du rein innerlich durchführen kannst, ist aber 1 zu 1 in der Praxis anwendbar. Hab also viel Freude bei deinem Tun!

Du nimmst dir bitte einen Moment Zeit, um dich ganz auf dich selbst zu besinnen. Das tust du, indem du deine Augen schließt und alles von dir abfließen lässt, was dich bis eben noch beschäftigt hat. Mit jedem Ausatemzug wird es dir besser gelingen. Vertraue darauf.
Nimm dir die Zeit, die du benötigst.
Hetze dich nicht.
Konzentriere dich auf deinen Atem, so gut es dir jetzt möglich ist. Sei sanft mit dir. Du atmest jetzt einfach alles hinaus, was du nicht mehr brauchst. Dazu zählen die Anspannung deines Körpers, all die Gedanken, die dich grübeln lassen und dir Kraft rauben. Dazu gehören auch all die Gefühle, die dich vielleicht wie in einem Klammergriff festzuhalten scheinen und die du irgendwie nie so richtig loswerden konntest.
Heute und jetzt soll es dir gelingen. Erlaube es dir.
Und vielleicht braucht es einfach deine Entscheidung, deine Bereitschaft, einmal alles abzugeben, was dir nicht dienlich ist, auch wenn du vielleicht gar nicht sicher weißt, was genau es ist, das dir nicht dienlich ist.
Magst du dich dafür entscheiden?

JA, nehme ich an.

Und plötzlich ist es ganz leicht, alles hinaus zu atmen.
Merkst du das?
Es ist nicht tragisch, wenn du denkst, dass es dir noch nicht so recht gelingen mag, denn vielleicht kann es sein, dass du schon viel entspannter geworden bist, auch wenn es für dich noch nicht wahrnehmbar erscheint.
Du atmest gleich mehrere Male tief ein und aus. Ganz bewusst.

Kannst du Dankbarkeit dabei spüren?

Wie auch immer deine Antwort ausfällt:

Für einen Augenblick lässt du dich einfach darauf ein, Dankbarkeit zu fühlen. Die Dankbarkeit, die sich eingestellt, weil du alles hinausgeatmet hast, was dich auf irgendeine Art und Weise belastet oder anstrengt. Wie schön das sein kann! Spüre es!

Und auch wenn es dir noch schwerfallen sollte, diese Dankbarkeit zu empfinden, erreicht dich doch ein Hauch von Erleichterung und Frieden, einfach weil du dich leichter und befreiter fühlst. Oder?

Und dann, nach einer Weile, öffnest du dich für eine neue gedankliche Aufgabe:
Du beginnst, dir zu überlegen, welcher Person oder welchen Menschen du gerne eine Freude machen möchtest. Einfach aus der Dankbarkeit heraus, die du grad eben empfunden hast. Vielleicht auch aus Dankbarkeit darüber, dass es Menschen gibt, die dir wichtig sind.
Überlege, welche Menschen dir jetzt in den Sinn kommen.
Überlege auch, ob dir etwas einfällt, worüber sich diese Menschen freuen könnten. Nimm dir Zeit, diese Menschen vor deinem inneren Auge erscheinen zu lassen und gehe dabei in folgender Reihenfolge vor:

Beginne zunächst mit lieben Menschen und solchen, die dir wichtig sind. Menschen, die ganz fest in deinem Herzen verankert sind und dir nahestehen. Bei ihnen fällt es dir sicher leicht und es bereitet dir eher Freude, darüber nachzudenken, wie du diesen Menschen Dankbarkeit zum Ausdruck bringen kannst. Es braucht nichts Großes oder Teures zu sein, denn es reichen oft die kleinen Aufmerksamkeiten, die von Herzen kommen. Und doch ist es auch in Ordnung, wenn du lieber ein wenig Geld ausgeben oder etwas von deinen eigenen Kostbarkeiten verschenken möchtest. Schließe also nichts aus und ziehe alles in Erwägung, was dir in den Sinn kommt.
Lass dir Zeit, bis du deine Ideen ganz deutlich vor deinem inneren Auge siehst.
Und dann setzt du deine Ideen so schnell es dir möglich ist in die Tat um. Jetzt gleich. In deiner Vorstellung.
(Pause)

Erweitere dann deine Gedanken auf Menschen, die dir nicht sehr nahestehen, die dir vielleicht sogar fremd sind. Nimm bewusst wahr, wie du auf diesen Teil der Aufgabe reagierst. Bleibe in deinem Gefühl von Dankbarkeit. Wenn nötig, aktiviere es erneut, so gut es eben geht.

Beobachte dich dabei, ob dir auch für diese Menschen Impulse kommen, wie du sie erfreuen könntest, oder ob es dir eher schwerfällt, für diese Personen Geschenkideen zu entwickeln. Vielleicht dauert es sogar, bis du dich überhaupt dazu durchringen kannst, darüber nachzudenken, weil du niemals auf die Idee gekommen wärst, fremden Menschen etwas zu schenken.
Nimm dir also auch hierfür ausreichend Zeit.
Entscheide dich bewusst dafür, diesen Teil der Aufgabe so gut es dir möglich ist umzusetzen.
(Pause)

Und dann gehst du wieder einen Schritt weiter.
Du ziehst in Erwägung, einen ganzen Tag damit zu verbringen, immer wieder darüber nachzudenken, bekannten oder unbekannten Menschen eine Freude zu machen. Einen ganzen Tag lang nichts anderes als den Menschen, die dir begegnen, irgendeine Form von positiver Aufmerksamkeit oder Wertschätzung entgegenzubringen. Es muss ja nichts Großes und auch nichts Teures sein. Ein Lächeln, ein Lob, ein Kompliment oder ein kleiner hilfreicher Dienst haben manchmal einen ungeahnten Wert. Magst du es ausprobieren?

Erweitere dabei ganz bewusst den Kreis der Menschen auf alle, selbst auf die, die du nicht magst. Versuche, etwas zu finden, womit du diese Menschen glücklich machen kannst.
Nimm wahr, was dabei in dir vorgeht.
Stelle zudem fest, wie es dir am Ende der Übung oder eines solchen Tages geht.

Meditation „Dein ureigener Wert"

Begleitinformation:
Wir tendieren dazu, im Außen, also in der Welt, nach Wertigkeit zu suchen, zum Beispiel durch die Wertschätzung anderer Menschen, durch einen schönen Körper oder durch erzielte Erfolge. Wir glauben auch oft, dass wir etwas leisten müssen, um wertvoll zu sein. Dass wir etwas tun oder Erwartungen anderer Menschen erfüllen müssen, damit wir dadurch das Gefühl von Wertigkeit erleben. Der Grund dafür ist ein tief verankertes Gefühl von Minderwertigkeit, ein kaum vorhandenes Selbstwertgefühl. Ein extremer Körperkult oder auch der Dienst an anderen Menschen können dadurch zu einer Art Abhängigkeit werden. Doch in der Folge entstehen oft Unzufriedenheit und Frustration. Denn wir kommen nie am Ziel an, das Gefühl von Wert ist so flüchtig und nur von kurzer Dauer. Aus dem Gefühl der Verzweiflung heraus verurteilen wir dann oft uns selbst oder andere Menschen in der Hoffnung, uns für einen kleinen Moment entlastet zu fühlen. Doch diese Strategien sind niemandem dienlich.
Wert hängt nicht von einer Handlung oder einem Erfolg ab. Auch nicht von unserer vermeintlich äußeren Attraktivität. Unser ureigener Wert wurde nicht von uns selbst begründet und ist von nichts und niemandem abhängig. Denn unser Wert ist und bleibt ewig, er ist von Gott begründet und unvergänglich. Unser Wert ist der gleiche wie bei jedem anderen auch. Wir müssen uns nur erinnern und die Erinnerung zulassen.

Nimm dir Zeit für die folgende Meditation und sorge dafür, dass du für einen Moment lang nicht gestört wirst. Die Meditation beginnt sofort und stellt dir Fragen. Lass dich darauf ein, wenn du soweit bist und dich bereit dafür fühlst.

Ist Wert sein und Wert haben das Gleiche?

Hat ein Verbrecher/Gewalttäter den gleichen Wert wie ein Wohltäter?

Gibt es einen Wert jenseits aller Errungenschaften wie Erfolgen, Zeugnissen, Leistungen oder guter Taten?

Mit diesen Fragen lade ich dich ein auf eine Zeit der Besinnlichkeit. Eine Zeit, in der du dich einlassen kannst auf Antworten in dir. Diese Antworten steigen auf, wenn du ihnen Raum schenkst. Und ein Raum entsteht, wenn du bereit bist, dich zu lösen von Erwartungen, Vor-Urteilen, Bewertungen und auch der Erinnerung an vergangene Erlebnisse. Für diesen Raum ist es von Vorteil, wenn du bereit bist, dich für Neues zu öffnen, für etwas, das du vielleicht nie für möglich gehalten hättest.
Bist du soweit?

Jede Antwort ist gut.
Letztendlich ist auch ein Nein für diese Meditation in Ordnung. Denn es zeigt, dass du weißt, was du dir wert sein darfst.

Schließe dann die Augen und beobachte deinen Atem. Du wirst vermutlich bemerken, dass du sofort tiefer einatmest, allein schon deswegen, weil du die Aufmerksamkeit auf deinen Atem richtest. Bleibe für eine Weile bei dieser Achtsamkeit.
Du beobachtest einfach deinen Atem.
Und spüre mal, ob du einen Wert darin finden kannst, nur zu atmen. Nicht mehr, und auch nicht weniger.
Ist es für dich wertvoll, zu atmen?

Vielleicht spürst du, dass dein Atem wie von selbst ein- und ausströmt, und dass du gar nichts dafür tun musst. ES atmet dich!
Warst du dir dessen schon bewusst?

Wenn du ehrlich bist, magst du dir vielleicht eingestehen, dass das nicht der Fall war und dass der Atem ein Geschenk ist, das du als solches noch gar nicht erkannt hast.
Der Atem verbindet dich mit einer Quelle, die das Leben in dich einhaucht. Immer wieder und so viele Male in der Minute, in der Stunde, am Tag, in deinem Leben.

Vielleicht seufzt du jetzt und bemerkst, dass dich die Erkenntnis darüber ein wenig demütig werden lässt. Das darf sein!

Und dann richte deine Aufmerksamkeit wieder auf deinen Atem.
Dieser Atem verbindet uns alle mit einer Quelle. Diese Quelle unterscheidet nicht, wem sie den Atem einhaucht. Sie schenkt dieses Lebenselixier jedem Menschen in der gesamten Lebens-Zeit, die für ihn vorgesehen ist.
Nicht jeder ist sich dieses Geschenkes bewusst.
Und doch ist es so.
Kannst du dafür dankbar sein?
Oder haben sich auch andere Gedanken eingeschlichen? Zum Beispiel solche, die bewerten oder überlegen, ob jedem der gleiche Wert und die gleichen Geschenke zugebilligt werden können?

Wie schnell spielen wir Richter!
Wir richten, wenn wir uns selbst oder andere Menschen als gut bzw. schlecht beurteilen und bewerten, oder?

Wie auch immer deine Meinung jetzt dazu ist, konzentriere dich erneut auf deinen Atem. Versuche, dich einzulassen auf den Wert dieses Geschenkes. Jeder bekommt dieses Geschenk. Egal, was er tut, und unabhängig davon, welchen Stellenwert er in der Gesellschaft hat, auch unabhängig davon, ob er sich selbst als wertvoll ansieht oder nicht.

Und mit diesem Geschenk, dem Atem, der so viel mehr ist als reine Luft, bekommen wir alle das Gleiche, und man könnte fast behaupten, dass wir dadurch alle gleich sind. Zumindest sind wir verbunden über eine Quelle, die uns am Leben hält, die uns leben lässt, die uns das Leben erfahren lässt, wie es ist.
Das ist unermesslich viel, und vielleicht kannst du das Unmessbare erfassen, wenn du dich einfach darauf einlässt, den Atem wie ein Kommen und Gehen in dir zu beobachten.
Wenn du Vertrauen entwickelst in das Leben, wie es sich ereignet.
Wenn du loslässt von Erwartungen, was das Leben dir bieten sollte.
Wenn du auch loslässt von Erwartungen, wie andere Menschen zu sein haben.
Wenn du loslässt von Vorstellungen, wie du zu sein hast.

Wenn du dich einfach hingibst diesem Strom, der wie ein Meeresrauschen in dir ist, das dich daran erinnert, dass du mehr bist als ein Körper mit einer vergänglichen Lebenszeit. Und dass dies in jedem Menschen verborgen ist unabhängig davon, wie er sich verhält.

Vielleicht atmest du jetzt durch.
Wie schön diese Vorstellung ist, mehr zu sein in diesem Meer des Lebens. Oder?

Und auch, wenn du immer noch zweifeln solltest, darfst du sicher sein, dass es einen Teil in dir gibt, der sich des Wertvollen in dir ganz bewusst ist.

Gib dich hin.
Hinein in dieses Gefühl von Hingabe an das Meer des Lebens.
Es trägt dich. Lass es zu.
Und dadurch wird es immer größer und weiter in dir. ...

Meditation „Vergebung"

Begleitinformation:
Urteile, die wir über uns und andere fällen, verletzen. Dabei ignorieren wir, dass wir uns selbst am meisten verletzen, wenn wir urteilen. Denn wenn wir andere beurteilen/verurteilen, haben wir gleichzeitig auch Angst, selbst verurteilt zu werden. Das Urteil über andere scheint dann wie der Einsatz einer Waffe oder ein Schutz, um nicht selbst Opfer eines Urteils zu werden. Und ohne es zu bemerken, sind wir längst selbst Opfer unseres Urteils geworden.
Folgendes Beispiel mag dies verdeutlichen:
Wenn du über jemand anderen denkst, dass er hässlich aussieht oder dumm ist, hast du selbst Angst, hässlich oder dumm zu erscheinen. Das Urteil ist in dir, und doch willst du nicht hässlich oder dumm sein. Schlimmer wiegt, dass das, was du in anderen siehst/verurteilst, immer ein Ausdruck dessen ist, was du selbst über dich empfindest. Ein Teil von dir empfindet dich also hässlich und auch bisweilen dumm. Nur dass dir das bisher nicht bewusst war. Weil es dir nicht bewusst war und du es zudem nicht magst, siehst du es nur in anderen und nicht in dir.
Die einzige Möglichkeit, aus diesem destruktiven Umgang mit sich und anderen herauszukommen, ist Vergebung zu üben.
Es hört sich leicht an, ist jedoch oft das Schwierigste, was wir uns vorstellen können. Es scheint so manches zu geben, was wir anderen nicht vergeben können, und viel mehr gibt es, was wir uns selbst nicht vergeben wollen. Und vielleicht mag auch bei dir der erste Schritt sein anzuerkennen, dass es dir sehr schwerfallen mag, dich so anzunehmen, wie du jetzt grad bist. Dir zum Beispiel auch zu vergeben, wenn du noch gar nicht gut vergeben kannst. Im Grunde ist dies dann mehr Vergebungspraxis als du ahnst.
Die Meditation führt dich durch innere Prozesse. Folge ihnen und beobachte, was sich dazu in dir regt. Alles darf sein.

Was bedeutet Vergebung für dich?
Versuche, eine Zeit der Besinnung einzuleiten, die du ganz dieser Frage widmest. Das ist vielleicht nicht ganz leicht, weil die Frage „Was ist Vergebung" dich innerlich aufwühlen mag.

Vermutlich erscheinen sogar Ereignisse vor deinem innere Auge, die unterschiedliche Emotionen in dir auslösen. Womöglich regt sich Widerstand in dir, der dir bekannt vorkommen mag, weil du dich schon öfter dagegen gesträubt hast, dich mit Vergebung zu beschäftigen. Vielleicht würdest du sogar felsenfest behaupten, dass manche Taten auch einfach nicht zu vergeben sind.
Was auch immer jetzt bei dir geschieht, lass es zu.
Und entscheide dich trotz alledem, dir eine Meditation zu gönnen, die sich genau mit dem Thema der Vergebung beschäftigt. Schließlich weißt du noch gar nicht, ob es dich nicht doch zu neuen Erkenntnissen führen wird.

Spüre mal, ob du die Bereitschaft in dir finden kannst, für eine kleine Weile loszulassen und ein wenig zur Ruhe zu kommen.

Atme dann hinein in diese Ruhe, auch wenn es erst nur ein Wunsch nach Ruhe ist, weil sie in deinem Inneren noch gar nicht wirklich spürbar scheint. Das Einzige, was jetzt zu tun ist, ist zu atmen und dich einzulassen auf das, was ist. Magst du das tun? Überlege, wenn du noch Zeit benötigst.

Vielleicht kommen dir jetzt wieder Gedanken in den Sinn. Vielleicht beschäftigen sie sich mit dir, vielleicht mit anderen Menschen. Lass es einfach geschehen.
Vielleicht lässt du die Gedanken auch vorbeiziehen, weil du sie gar nicht mehr festhalten möchtest.

Spür mal genau nach, wie es bei dir ist.
Kannst du dir vorstellen, deinen Gedanken nicht mehr zu folgen?
Dich nicht mehr in ihnen zu verlieren?
Sie einfach nur zu beobachten in ihrem Kommen und Gehen?

Vielleicht haben deine Gedanken auch Gefühle im Schlepptau. Nicht alle werden angenehm sein. Sie sind sogar oft unangenehm, weil Gedanken fast immer negativ sind. Negativ sind sie, weil sie eine Bewertung oder ein Urteil beinhalten. Urteile über andere und uns selbst.
Wie ist es bei dir?
Kannst du dir vorstellen, alle Gedanken und alle Gefühle vorbeiziehen zu lassen, unabhängig davon, was sie genau beinhalten?

Sie einfach nur zu beobachten?
Mit einem inneren Abstand?
Du könntest es Sicherheitsabstand nennen!

Vielleicht schmunzelst du jetzt. Denn eigentlich ist es ganz schön, mit ein wenig Abstand auf alles zu schauen. Oder?
Prüfe mal, wie groß dieser Abstand zu deinen inneren Prozessen sein müsste, damit du in ein Gefühl der Entspanntheit feststellen kannst. Vielleicht sogar verbunden mit ein wenig schmunzelnder und amüsierter Gelassenheit?

Und dann schau noch einmal genau hin auf die Gedanken und Gefühle, mit diesem Sicherheitsabstand. Welche Bedeutung haben sie jetzt für dich?

Kannst du beobachten, dass sie an Brisanz verlieren? Vielleicht auch an emotionaler Regung?
Wenn nicht, vergrößere den Abstand.

Und dann frage dich:
„Wer wäre ich ohne diese bewertenden Gedanken, ohne diese belastenden Gefühle?"
Warte auf die Antwort.

Und dann überlege dir, ob du bereit dazu wärest, alle unversöhnlichen Gedanken abzugeben.
Würde es dir schwerfallen? Wenn ja, warum?
Würde dir etwas fehlen?
Spüre nach.

Und dann frage dich, was wäre, wenn du immer dann um eine neue Sichtweise bitten würdest, wenn du urteilende Gedanken über dich selbst oder andere hegst?
Warte wieder auf eine Antwort, die sich in deinem Inneren einstellen wird, wenn du bereit bist.

Und dann spüre nach...
Lass alles zu, was ist....

Entspanne dich dann für eine längere Weile und reflektiere deine Erfahrungen.

Komme erst in deinen Alltag zurück, wenn du dir genügend Zeit genommen hast.

Meditation „Behutsamkeit"

Begleitinformation:

Je behutsamer ein Mensch handelt, desto mehr werden andere Menschen in seiner Gegenwart liebevolle Gefühle empfinden.
Yoga Sutra 2.35

Das Zitat stammt aus der Schriftensammmlung des Yoga Sutra. Diese uralte Schrift möchte die Menschen leiten auf dem Weg ihrer Selbst-Verwirklichung. Dafür ist liebevolles Verhalten sich selbst und anderen gegenüber eine wichtige Handlungsempfehlung. Sicher wirst du zustimmen wollen auf die Frage, ob du behutsam und liebevoll sein möchtest.
Wer möchte das nicht, und wer wäre nicht bereit zu behaupten, dass er sich grundsätzlich nach diesen Zielen ausrichten mag. Die Schwierigkeit zeigt sich immer erst in der Umsetzung. Denn bist du immer behutsam mit dir? Bist du bereit, dir Misserfolge oder Versäumnisse zu verzeihen? Du bemerkst vielleicht, dass dies nicht immer einfach ist. Und deswegen ist es wichtig, sich diesen Werten als Leitidee zu nähern, ohne mit sich zu stark ins Gericht zu gehen, wenn man nicht jederzeit erfolgreich in der Umsetzung war. Selbst die Neurobiologie, die Hirnforschung, hat gezeigt, dass es gar nicht auf das Erreichen eines bestimmten Ziels ankommt, sondern auf die Ausrichtung auf ein Ziel hin, das man im Grunde nie ganz erreichen kann. So bleiben wir ständig auf die Suchbewegung ausgerichtet und damit auf der Suche nach einem Zustand des Friedens und der Harmonie. Und wenn er sich einstellt, dann ist das schön, und wenn wir ihn wieder verloren haben, dann suchen wir erneut danach.
Behutsamkeit und eine liebevolle Ausrichtung dürfen demnach eine Orientierung sein, die du deinem Leben und dem Miteinander mit anderen gibst.
Und so können wir vielleicht verstehen, wie das Zitat aus dem Yoga-Sutra gemeint ist: Je behutsamer du mit dir und anderen umgehst, desto eher sind die anderen in der Lage, liebevolle Gefühle in deiner Gegenwart zu empfinden. Denn diese stellen sich automatisch ein, wenn du selbst eine gütige Ausstrahlung besitzt. Diese entsteht, wenn du behutsam und achtsam mit dir

bist. Zwangsläufig fühlen sich andere dann in deiner Umgebung wohl.

Sei also behutsam mit dir in der folgenden Meditation.

Beginne behutsam mit dieser Meditation.
Und mache dir in aller Ruhe Gedanken darüber, wie es aussehen könnte, wenn du jetzt behutsam mit dir umgehen würdest.
Wie würdest du einen behutsamen Einstieg in diese Meditation gestalten?
Überlege, wenn du magst. Und gib dir Zeit, wenn sich so schnell keine eindeutige Antwort einstellen mag.

Vielleicht hattest du die Idee, zunächst im Außen Ruhe zu schaffen. Du stellst dein Handy aus und du stellst sicher, dass du für einen Moment keinen Aufgaben nachgehen musst, dass nichts an dich herangetragen wird, worauf du wie selbstverständlich mit Aktionismus reagieren würdest.
Und für einen Moment lang entscheidest du dich dann, deine ganze Aufmerksamkeit nur dir selbst zu widmen. Selbst das kann manchmal schwer erscheinen, weil dir die Aktivität und das Machen so viel richtiger erscheinen mögen als das scheinbare Nichtstun. Und wenn du dann nichts tust und still wirst, könnte es sein, dass deine Gedanken zu lärmen beginnen und dich von der Vergangenheit in die Zukunft oder von der Zukunft zurück in die Vergangenheit ziehen. Still und ruhig fühlt sich das nicht an. Und wie schnell verurteilen wir uns dann selbst. Liebevoll und behutsam ist das eher nicht.
Sei also achtsam mit dir und so geduldig wie möglich.

Spüre nun ein erstes Mal bewusst in dich hinein und nimm ganz behutsam wahr, was sich in diesem Moment in dir regt.

Im *Wahr*nehmen steckt *Wahrheit*. Nicht immer empfinden wir sie als angenehm. Wie ist es bei dir?
Manchmal wollen wir nicht hinschauen, weil uns die vermeintliche Wahrheit schmerzlich erscheint. Warum auch immer.

Es mag sein, dass du jetzt ein erstes Mal seufzt und dabei tief ausatmest. Wenn du dies tust, tue es bewusst. Du atmest dabei alles hinaus, was sich anstrengend oder beschwerlich anfühlt. Und mit dem Wissen darum atmest du ein weiteres Mal tief ein, um danach alles Schwere mit einem Seufzen wieder hinaus zu atmen.
Kannst du die Erleichterung spüren?
Erleichterung, weil du bereit warst, alles Schwere für einen Moment abzugeben und dies möglicherweise gar nicht so schwer war?

Vielleicht seufzt du wieder. Lasse es geschehen. Und entspanne dich in dein Seufzen hinein. Denn je mehr du bereit bist, dich dem Moment hinzugeben, wie auch immer er aussehen mag, desto mehr entwickelt sich in dir die Möglichkeit, loszulassen. Loslassen einfach deswegen, weil so manches Festhalten sich nicht lohnt.

Vielleicht fragst du dich jetzt, warum es bisweilen so schwer erscheint, loszulassen. Loszulassen von Erwartungen, von Wünschen, von Druck oder womöglich auch von Enttäuschungen. Vielleicht kommt dir sogar eine Erfahrung in den Sinn, wo es dir unmöglich erschien, das Erlebte so zu verarbeiten, dass es dich nicht mehr quält.

Wie auch immer es jetzt bei dir ist, nimm alles wahr, ohne es ignorieren zu wollen, aber auch ohne es festzuhalten. Bleibe behutsam und offen mit dir selbst.
Lass Gedanken wie Gefühle kommen und bleibe ein Beobachter deiner inneren Prozesse. Wenn dir dies schwerfällt, erinnere dich daran, dass ein Beobachter immer ein Unbeteiligter ist, einer, der aus einer neutralen Position auf etwas schaut, was ihn bestenfalls interessiert. Vielleicht schaut er sogar mit Neugier und einer gespannten Aufmerksamkeit. Dieser Beobachter kann wie ein Kind sein, das etwas zum allerersten Mal erlebt. Keine Vorerfahrung, keine Erwartung, kein Vor- Urteil färben seine Wahrnehmung.
Aus der Beobachterrolle zu schauen bedeutet, mit einer wohltuenden Distanz die Dinge zu betrachten. Vielleicht sogar mit Liebe?

Spüre mal, was sich jetzt in dir regt. Vielleicht wird dir jetzt bewusst, dass du behutsamer mit dir geworden bist, grad eben?

Vielleicht magst du dich deswegen dafür entscheiden, diese Behutsamkeit ganz bewusst mitzunehmen auf deinen Beobachterstuhl. Du schaust also in dich hinein mit den Augen der Behutsamkeit. Du registrierst, ohne zu bewerten.

Vielleicht regen sich Impulse in dir, die dich zu bestimmten Handlungen animieren wollen. Vielleicht spürst du auch Unruhe oder Ungeduld.
Nimm alles wahr und fühle sogar bewusst und voller Aufmerksamkeit in diese Gefühle hinein. Atme tief ein und aus, immer dann, wenn es sich zu intensiv in dir anfühlen mag. Lass dir Zeit. Und beobachte behutsam weiter. Bleibe achtsam.

Gefühle kommen und gehen, Gedanken kommen und gehen, Geschehnisse und deren Interpretationen kommen und gehen. Du bist einfach nur der Beobachter, der von innen heraus all die veränderlichen Prozesse wahrnehmen und geschehen lassen kann.

Und jetzt überlege mal, wie es wäre, wenn du diese behutsame Wahrnehmung mit in deinen Alltag übernehmen würdest. Wenn du all das, was dir im Innen wie im Außen begegnet, aus einer beobachtenden und offenen Haltung betrachten würdest. Du wärest dann einfach ein behutsamer Beobachter dessen, was geschieht.

Vielleicht würde es dann so sein, dass du zu gütigen Interpretationen von Handlungen neigen würdest. Oder grundsätzlich erst einmal jedem Menschen positive Absichten unterstellen würdest, ganz unabhängig davon, was er gerade tut.
Vielleicht würdest du auch Gedanken von Milde und Güte in dir bemerken und eine tiefe Gewissheit, dass alles, was geschieht, deinem Besten und dem Wohle aller dient.
Du wärst voller Vertrauen in dich und das Leben. Vor allem aber wärest du liebevoll und sanft zu dir und deswegen auch zu anderen.

Nimm dir in den kommenden Minuten Zeit, um dich einzulassen auf eine Welt, in der Behutsamkeit ein wesentlicher Bestandteil deiner Wahrnehmung ist.
...

Und dann löse dich langsam aus deiner Zeit der inneren Einkehr.

Behutsam und in einem Tempo, das dir angemessen ist, kehrst du in deinen Alltag zurück. Die Behutsamkeit nimmst du mit, wohin auch immer du gehst.

Meditation „In Verbindung"

Begleitinformation:
Einssein mag sich unerreichbar anhören. Aber das ist es nicht. Wir machen es schwer, weil wir zu viel denken und grübeln. Aber am Schwersten ist es vermutlich deswegen, weil wir glauben, nicht würdig genug für das Einssein zu sein, schließlich haben wir schon so viel Schuld auf uns geladen. Denken wir zumindest. Und insgeheim glauben wir, für all das bestraft zu werden, was wir falsch gemacht haben. Also verstecken wir uns in dem Glauben, dass wir das Einssein, die Ganzheit und die liebevolle Verbindung mit der Schöpfung gar nicht verdient haben.
Von diesem Denken müssen wir uns lösen, indem wir uns bereit erklären, in Verbindung mit dem Göttlichen (der Quelle in uns) zu kommen. Dafür müssen wir loslassen. Und vertrauen. Und schon stellt sich ein weiteres Hindernis ein: ein befürchteter Macht- und Kontrollverlust. Wir klammern uns förmlich an unser Denken und an unsere Urteile. Sie geben uns Sicherheit. Dazu kommt: Wir wollen Recht haben. Und übersehen, dass wir uns damit als Richter aufspielen. Und in dieser Rolle ganz alleine sind.
So bleibt im Ergebnis für jeden von uns die Aufforderung, die Kontrolle über Recht und Unrecht, Falsch oder Richtig, Gut oder Schlecht, liebenswert oder nicht liebenswert abzugeben, und sich in der Folge der höheren Führung hinzugeben. So entsteht wirkliche Verbindung und Einssein.

Die Meditation führt dich durch einen Entwicklungsprozess. Folge ihm und nimm wahr, zu welchen Erkenntnissen du kommst. Erlaube dir auch, ganz andere Empfindungen zu haben.

Nimm dir einen Moment Zeit, um in Verbindung zu kommen mit dir selbst. Du kannst dich dafür bewusst auf deinen Atem ausrichten und für eine Weile deinen Atem beobachten. Du kannst prüfen, ob du bequem sitzt oder liegst und ob du dich für eine Weile von all den Gedanken und Geschehnissen lösen kannst, die dir eben noch wichtig waren. Sie warten, und du kannst ihnen jederzeit wieder deine Aufmerksamkeit schenken, wenn du sie dann immer noch für wichtig erachtest.

Atme also durch. Entspanne dich. Und komme zur Ruhe.
Lausche den Worten.

Alles ist in Verbindung.
Alles hat mit dir zu tun.
Alles bist DU.
Unabhängig davon, wohin du deinen Blick richtest, unabhängig davon, ob du nach außen oder innen schaust, ob du Geräusche hörst, ob du Gedanken beobachtest, ob du andere Menschen siehst. In allen und allem ist etwas von dir, etwas, das dir gleicht. Siehst du das auch so?

Vielleicht bist du unsicher und überlegst. Denn wenn dir Freude von anderen Menschen entgegenstrahlt oder angenehme Gefühle spürbar sind, ist das sicher der direkte Weg zu dir und der Glückseligkeit, die du bist. Aber wenn es Schmerzen oder Leid sind, die du empfindest, ist das Ganze schon unangenehmer. Irgendwie meldet sich doch gerne ein Einwand, wenn es darum geht, sich Unrundes, scheinbar Unvollständiges, Unharmonisches, schlimmstenfalls sogar Blockaden anzuschauen. Und du wirst vielleicht dazu neigen, andere Menschen, die Umstände und vielleicht auch das Schicksal dafür verantwortlich zu machen, wenn es dir nicht gut geht.

Es ist verständlich.
Du hast richtig gehört.
Das ist verständlich. Auch wenn es vielleicht nicht hilfreich ist.

Wir wünschen uns alle, ob bewusst oder nicht, dass wir richtig sind. Und weil wir uns das wünschen, mögen wir Situationen oder Umstände nicht, in denen wir uns nicht gut fühlen. Und dann machen wir andere dafür verantwortlich. Aus dem Wunsch heraus, dass es uns besser geht.
Wir wollen uns nur gut fühlen. Jetzt. In diesem Moment. Unabhängig davon, ob wir stark sind oder schwach, groß oder klein, alt oder jung, wissend oder unerfahren, von Schmerz erfüllt oder glücklich. JETZT möchten wir das Gefühl haben, richtig zu sein.
Eigentlich wollen wir immer nur geliebt werden.
Einfach so.

Und warum scheint es so schwer und bisweilen unerreichbar?
Spüre nach.
Vielleicht magst du dabei einer Spur folgen, die folgende Frage dir aufzeigen kann:

„Wer setzt den Maßstab, mit dem du dich und die Welt misst?

Es mag sein, dass du ein wenig stutzt, vielleicht scheint dir aber auch alles sonnenklar:

DU setzt den Maßstab.

Und andere, an denen DU dich orientierst. Eltern, Freunde, Vorbilder, die Gesellschaft. Immer dann, wenn du deren Werte und Urteilsmuster als für dich stimmig und erstrebenswert akzeptierst.

Ist es dir dienlich?

Irgendwo muss ein Fehler sein, denn sonst wäre IMMER ALLES in Ordnung und in Harmonie! Du würdest dich zu jeder Zeit gut fühlen, unabhängig von den Lebens- Umständen. Du wärest in Frieden. Und alles wäre im Fluss. In deinem Körper. In deinem Leben.

Wen oder was könntest du also vergessen haben? Vergessen immer dann, wenn du dich nicht eins mit dem fühlst, was ist. Wenn du Einwände oder Ablehnung in dir wahrnehmen kannst.

Atme einmal durch.
Öffne dich für Unerwartetes.

Du hast Gott vergessen!
(Ersetze gerne das Wort Gott mit Schöpfung, Quelle, Lebenskraft, so wie es für dich stimmig ist.)

Du stellst dich sogar über Gott, wenn DU Maßstäbe setzt und Situationen, Umstände oder dich selbst ablehnst.

Du trennst dich dann vom Ursprung, von deiner Quelle. Du gehst aus der Verbindung, wenn du meinst, es besser zu wissen. Du übernimmst die Führung, anstatt dich führen zu lassen.

Doch kannst du wirklich besser Bescheid wissen als Gott, der deine Quelle ist?
Antworte ehrlich.

Nein!

Denn immer, wenn du meinst, dass du besser weißt, was gut, richtig oder falsch ist, erhebst du dich. Du gehst aus der Verbindung, aus der inneren Anbindung heraus. Du selbst spielst Gott, vielleicht stellst du dich sogar gegen ihn.

Magst du mal kurz in dich hinein fühlen?

Vielleicht spürst du irgendwo ein Stechen oder Ziehen oder es krampft sich etwas zusammen.
Es ist schmerzhaft, sich gegen Gott, die Schöpfung, zu stellen. Vor allem für deine Seele, die ein winziges Abbild des einen großen Lichtes ist, das sich in DIR widerspiegelt.

Und nicht nur deine Seele weint in solchen Momenten, dein ganzes System, dein ganzes Sein kann schmerzen, weil es sich nicht in Verbindung fühlt. Weil es sich sehnt nach der inneren Anbindung, die immer Führung und Halt bietet. Kannst du das verstehen?

Hab Mitgefühl!
Und entscheide neu!
Entscheide dich für das, was es besser weiß. Es weiß alles, weil ES ALLES IST.
Lass die Schöpferkraft beurteilen, ob du liebenswert bist oder nicht.
Lass die Schöpferkraft beurteilen, ob das, was jetzt grad ist, dir dienlich ist. Und das wird es sein, denn sonst wäre es nicht so, wie es ist.

Lass Gott das Urteil über dich fällen. Lass Gott das Urteil über alle Umstände fällen. Denn Gott meint es immer gut. Er liebt dich, weil er Liebe ist.

Er ist in Verbindung mit dir, weil in ihm dein Zuhause ist. Und ER ist in dir zuhause.
Gib die Verbindung nicht auf. Halte sie aufrecht, in deinem Bewusstsein. In jedem Moment. Dann wirst du in jedem Moment friedlich sein, weil du dich vollkommen und in Frieden fühlst, unabhängig von den Umständen.

Lass dich fallen.
Ruhe aus.
Du bist zuhause, immer. Auch, wenn du es vergisst.

Erinnere dich!

Der Sonnenstrahl ist nichts ohne die Sonne.
Der Mondschein im See existiert nicht ohne den Mond am Himmel.
Die Welle tanzt auf dem Ozean und ist im Ozean zuhause.
Du kannst das Meer sehen ohne Wellen, aber die Wellen nicht ohne Meer.

Erkenne, dass du immer bist. Denn Verbindung hört nicht auf zu sein. Auch, wenn du sie vergisst. Und auch dann, wenn das Leben schwierig erscheint.

Spüre nach.
Und komme erst dann wieder in deinen Alltag zurück, wenn du dich bereit dafür fühlst.

Meditation
„Bedingungslose Liebe und Akzeptanz"

Begleitinformation:
Nicht nur bei anderen, vor allem bei uns selbst haben wir oft Schwierigkeiten, völlig bedingungslos anzunehmen, was ist. Doch nur die Bereitschaft, Ja zu sagen zu dem, was in diesem Augenblick geschieht, bringt wirklichen Frieden. Und auch das scheint schwer, weil uns in jedem Moment Vieles einfallen kann, wozu niemand Ja sagen kann: Krieg, Konflikt, Krankheit, Unruhe, unerfüllte Hoffnungen.
Was bleibt ist dann nur, sich mit dem auseinanderzusetzen, was sich in uns selbst ereignet: Gefühle wahrnehmen, Gedanken beobachten, Widerstand annehmen. Und dann Ja sagen, einfach Ja zu dem, was wahrnehmbar ist. Nicht mehr und auch nicht weniger. Und zusätzlich dürfen wir uns in jedem Moment erinnern, dass Glück unser dauerhafter Seins-Zustand ist, auch wenn es so scheint, als wenn es nicht so wäre.

Die Meditation nimmt dich mit auf eine innere Reise, die eine Entwicklung reflektiert – es könnte deine eigene sein – und dir gleichzeitig Hilfsmittel an die Hand gibt, die du im Alltag anwenden kannst. Viel Freude dabei!

Lasse dich auf eine Zeit der Stille ein und sei bereit, die folgenden 15 Minuten nur mit dir zu verbringen. Dafür stellst du sicher, dass du nicht gestört wirst und kein Handy klingelt. Nimm gleich jetzt wahr, wie leicht oder wie schwer es dir fällt, diese Entscheidung zu treffen und im Anschluss umzusetzen.

Schließe jetzt deine Augen und richte deine Aufmerksamkeit zunächst auf deinen Atem. Allein diese Aufmerksamkeit wird deinen Atem nach und nach beruhigen. Achte zudem darauf, dass du tief ein und auch tief ausatmest. Ziehe nach der Ausatmung ein klein wenig deinen Bauch nach innen, so dass du sicherstellen kannst, dass der größte Teil der verbrauchten Luft

deine Lungen verlassen hat. Mache jedoch keine Kraftanstrengung daraus. Gehe liebevoll mit dir um und verzeihe dir vermeintliche Fehler oder Unaufmerksamkeiten.
Und so atmest du dich in einen immer friedlicher werdenden Zustand hinein, in welchem du feststellen kannst, dass Zeit und Raum an Bedeutung verlieren. Bewertungen werden überflüssig, Urteile müssen nicht gefällt werden.
Du stellst ohnehin fest, dass du milder geworden bist im Laufe der letzten Zeit. Du kannst anderen Menschen Fehler nachsehen, ja sogar Fehler gar nicht mehr als solche ansehen. Du weißt, dass auch du immer mal wieder Dinge getan oder gesagt hast, die du später, mit mehr Abstand, bereut und am liebsten rückgängig gemacht hättest. Insofern bist du dir sicher, dass Vieles, was Menschen tun, aus einem Bewusstsein von Unbedachtheit herrührt und auch in der Regel nicht immer böse gemeint ist.

Ein warmes Gefühl stellt sich in deinem Herzensraum ein, und du betrachtest es mit Dankbarkeit.
Milde gesellt sich innerlich dazu, und du spürst ein wenig Stolz auf dich selbst. Viel hast du geschafft in der letzten Zeit, viel gelernt, Vieles hinterfragt, das meiste davon hat an Bedeutung verloren.
Eine innere Weisheit hat sich eingestellt, die den Dingen ihren Lauf lässt, ohne dass du das, was du selbst kontrollieren und steuern kannst, aus der Hand gegeben hast.

Du überlegst, was dich eigentlich am meisten dabei unterstützt hat, diesen friedlichen Zustand zu etablieren.
Und dir fallen Sätze ein, die dir unendlich guttun, wenn du an sie denkst. Sie haben dir immer geholfen, wenn du dich unwohl mit dir selbst oder auch mit anderen gefühlt hast, wenn du mit einer Situation, die dir das Leben präsentiert hat, gehadert hast, und du hast sie manchmal vor dem Einschlafen vor dich hingemurmelt, so dass du alles, was dich noch beschäftigt hat, ganz nebenbei loslassen konntest.

Und wieder spürst du tiefe Dankbarkeit in dir. Dein Herz schlägt warm und leise vor sich hin.

Als wenn es zu sprechen beginnen möchte, klopft es dir deine hilfreichen Sätze vor:

Ich kann mich annehmen, wie ich in diesem Augenblick bin.

Ich kann dich annehmen, wie du in diesem Augenblick bist.

Ich kann das Leben annehmen, wie es in diesem Augenblick ist.

Die Worte klingen in dir nach.
Und du erinnerst dich daran, dass allein deine Bereitschaft, an sie zu glauben, ausreichen kann, mehr in Frieden mit sich und der Welt zu gelangen.

Du hörst dem Klopfen deines Herzens noch eine Weile zu.
Bis es als Rhythmus in dir verankert ist. Erst dann kehrst du in deinen Alltag zurück. Das Klopfen deines Herzens begleitet dich dabei.

Meditation „Dein Wille geschehe"

Begleitinformation:
In unserem Leben gibt es leichte und schwierige Aufgaben. Eine der schwierigeren scheint es zu sein, die eigenen Interessen, Vorstellungen, Neigungen und Abneigungen aufzugeben. Sich ganz dem Strom des Lebens hinzugeben, so wie es sich ereignet. Die Aufgabe des eigenen Willens, der eigenen Ego-Interessen, ist deswegen so schwer, weil wir meinen, dann nichts mehr zu haben, nichts mehr zu sein, auch nichts mehr kontrollieren zu können. Es scheint konträr zu dem Wunsch, den eigenen Weg zu gehen. Und doch ist es die Hingabe, die uns das Gefühl gibt, richtig zu sein und uns wohl fühlen lässt. Es ist die Hingabe an die Quelle, die wir Gott, das Höhere Selbst, das Universum oder den Heiligen Geist nennen können. Finde du den Namen, der dir entspricht. Viel wichtiger als dieser Name ist die Erkenntnis, dass es mehr gibt als das, was wir mit den physischen Augen zu sehen glauben. Es ist das tiefe Wissen, dass in unserem Inneren als Intuition wahrnehmbar ist und als Gewissheit, jetzt etwas Bestimmtes tun oder auch nicht tun zu wollen. Wenn wir bereit sind, uns führen zu lassen, werden wir automatisch richtig geführt und geleitet. Wir müssen nur die kleine Bereitschaft aufbringen, Ja zu sagen zu dem, was ist, auch, wenn unser Verstand vielleicht sagen würde: „Ne, so habe ich mir das nicht vorgestellt". In solchen Momenten loszulassen von eigenen Plänen und Vorstellungen ist die Umsetzung von Hingabe.

Die Meditation beginnt mit der Frage „Was ist dein Wille".
Stelle also sicher, dass du Ruhe hast und dich mit dir selbst beschäftigen möchtest. Die Meditation führt dich. Du darfst dich hingeben.

Was ist dein Wille?
Diese Frage könnte dich stutzig machen. Womöglich zurecht. Denn vielleicht ist es das erste Mal, dass du dich aus tiefstem Herzen fragst, was du wirklich willst. Weißt du es?

Ja, könntest du antworten, jeden Tag hast du tausend Ziele, Wünsche, Vorstellungen, Tagespläne. Auch Lebenspläne, könntest du ergänzen.
OK, würde ich antworten.
Wir Menschen haben so viel vor. Wir wollen erreichen, schaffen, erleben, erfahren. Wir wollen uns gut fühlen, gemocht werden, Anerkennung erhalten. Alles soll nach Plan verlaufen. So wie wir uns das vorstellen. Oder?

Und dann liest du jetzt folgenden Satz:

„Erst, wenn du dich dem göttlichen Willen hingibst, erkennst du deinen eigenen Willen."

Was sagt er dir?
Könnte es sein, dass du deinen eigenen Willen noch gar nicht wirklich kennst?
Wäre das möglich?
Und wenn ja, ist es ok für dich? Dich einzulassen auf die Möglichkeit, deinen Willen (bisher) nicht zu kennen?

Atme durch. Atme vor allem alles aus, was sich schwer anfühlt. Was an Anspannung in deinem Körper ist. Auch an Druck, den du dir vielleicht selbst gemacht hast. Nimm dir Zeit dafür.

Es kann sein, dass du dich erleichtert fühlst, jetzt, in diesem Moment. Weil du gehört hast, dass du dich von Druck, den du dir selbst gemacht hast, befreien darfst.
Du darfst es! Lass los.

Atme noch einmal bewusst ein und aus. Und genieße es, dich freier und entspannter zu fühlen.
Vielleicht musst du dafür noch einmal tief ein- und ausatmen.
Vielleicht noch einige weitere Male. Spüre genau hin, was du jetzt brauchst, und beende das bewusste Atmen erst, wenn du ein wenig mehr Ruhe in deine Gedanken gebracht hast. Wenn sie nicht mehr allzu viel lärmen und dich abzulenken versuchen. Wenn es vielleicht sogar Momente gibt, in denen du für einen klitzekleinen Moment keinen Gedanken mehr hast.

Es sind heilige Momente. Momente von Stille. Vielleicht sogar von Stillstand.
Versuche, sie zu registrieren. Sei achtsam.
Gib dir Zeit.
(kleine Pause)

Und dann lass dich nochmal ganz neu auf eine Zeit mit dir selbst ein. Und diese Zeit beginnt mit einer weiteren Frage:
Weißt du eigentlich, was DU dem Leben zu geben hast?
Vielleicht stutzt du. Vielleicht musst du zugeben, dass du es nicht weißt.
Und zum zweiten Mal bleibst du alleine mit einer Frage, deren Antwort du vermutlich noch nicht kennst.

Wäre es schlimm für dich, es nicht zu wissen? Nicht zu wissen, was du dem Leben zu geben hast?
Ein wenig unangenehm könnte es sich anfühlen, allein deswegen, weil du weißt, dass du es nicht weißt.

Wie schön, dass es so ist, würde ich sagen.
Wie schön es ist, wenn du nicht genau weißt, was dich ausmacht. Was das Einzigartige ist, was du dem Leben zu geben hast.
Es ist deswegen schön, weil dieser Moment so wichtig ist, um beginnen zu können. Denn solange du davon ausgehst, dass du alles weißt, könnte es sein, dass du auf Abwegen unterwegs bist, ohne es zu bemerken. Dass du nicht wirklich dem Weg folgst, der dir entspricht und der dir guttut.
Wenn du aber sicher bist, dass du deinem Lebens-Weg folgen willst, auch wenn du ihn jetzt noch nicht genau kennst, dann machst du dich auf die Suche danach. Dann fragst du vielleicht sogar:
„Wohin soll ich gehen?",
„Was soll ich jetzt tun?" oder
„Was dient mir und anderen jetzt in diesem Moment?"
Hast du darüber schon einmal nachgedacht?

Meditation „Das leere Haus"

Begleitinformation:
Diese Meditation erinnert an eine intensive Zeit in meinem Leben. Das Haus, von dem berichtet wird, ist entstanden aus einer Idee, die mit ein paar Strichen auf einem leeren Blatt Papier begann. In diesem Haus habe ich einige Jahre gelebt und meine Kinder großgezogen. Als sie flügge waren, wusste ich, dass es Zeit wird zu gehen und einen neuen Abschnitt zu beginnen. Und so habe ich Stück für Stück alles wieder leergeräumt, verkauft, verschenkt, weggetan. Bis es leer war, mein Haus, und ich weiterziehen konnte.
Was bleibt, ist die Erinnerung an das, was ewig ist und nie weggegeben werden kann. Es ist die Liebe zum Leben, die mit mir zieht, die mich geführt hat und mich immer weiterführen wird. Diese Liebe lässt sich nicht in einem Haus festhalten, auch wenn sie dort intensiv gelebt werden kann.

Lass auch du dich führen und werde vertraut mit dem Kommen und Gehen der Dinge, mit dem Gewinn, der sich im Abschiednehmen von materiellen Dingen zeigt, auch vom Ausmisten und Reinigen auf gedanklichen, emotionalen und physischen Ebenen.

Nimm dir Zeit. Und die Meditation kann beginnen. Folge ihr einfach.

Wenn du magst, lässt du dich zudem inspirieren, das Erfahrene in der Praxis umzusetzen. Das kann schlicht und einfach damit beginnen, dass du Schränke aufmachst und die Dinge anschaust, die sich darin verbergen. Tun sie dir wirklich noch alle gut? Wenn nicht, nimm Abschied von ihnen und sei dankbar.

Komme zur Ruhe. Egal, wo du bist.
Dafür entscheidest du dich ganz einfach, ruhig zu werden. Es kann sein, dass das bedeutet, dass du dich zunächst auf deinen Atem besinnst und ganz bewusst ein- und ausatmest. Denn du weißt, dass dich das beruhigt.

Du musst dich vielleicht konzentrieren, weil du schon öfter die Erfahrung gemacht hast, dass dich deine Gedanken immer wieder von der Ausrichtung auf deinen Atem ablenken. Und so darfst du es als Erfolg ansehen, wenn du dies registrierst und dich dann entschieden und voller Bereitschaft ein weiteres Mal auf deinen Atem besinnst.
Zudem darfst du es als Entlastung erkennen, keine andere Aufgabe zu haben als auf das Ein- und Ausströmen deines Atems zu achten. So viel Ruhe können die Bewegungen des Atems ausstrahlen.
Wie das Kommen und Gehen der Wellen des Meeres.
Manchmal siehst du diese Wellen vor dir, wenn du deinem Atem zuhörst. Sie strömen langsam zu dir und in dich hinein, ein sanftes Rauschen begleitet sie, und nachdem sie für einen Moment still geruht haben, fließen sie langsam und beständig wieder zurück in das große Meer. Bisweilen nehmen sie etwas mit, was dich belastet oder beschäftigt hat. Manchmal bringen sie dir etwas mit, worüber du vielleicht nachspürst. Gehe nicht tief hinein in diese Themen, wenn du sie bemerken solltest. Kehre immer wieder und sobald es dir möglich ist zurück: Du beobachtest einfach das Kommen und Gehen deiner Atemwellen.
So wie jetzt.
Ein Hin und ein Her. Ein Auf und ein Ab. Fülle und Leere. Bewegung und Stillstand. Enge und Weite. Beginn und Ende. Es ist nicht wichtig, wie du es benennen würdest. Dieses Kommen und Gehen deiner Atemwellen. Sie haben etwas von Beständigkeit unabhängig davon, in welche Richtung sie sich gerade bewegen. Und dies mag der Grund dafür sein, warum sie so beruhigend auf dich wirken.
Du spürst ihnen weiter nach.

Und dann entstehen erste Bilder in dir, denen du folgen möchtest. Denn durch das Kommen und Gehen deines Atems wurde ein Gefühl in dir wachgerufen, das du schon einige Male in deinem Leben gespürt hast. Nicht immer hast du es bewusst gefühlt, denn es war intensiv, und deswegen hast du es vermutlich ein Stück weit ignoriert oder von dir wegzudrängen versucht.
Bedeutende Momente in deinem Leben haben dieses Gefühl in dir ausgelöst. Bedeutend deswegen, weil sich etwas Entschei-

dendes verändert hatte. Es waren Abschnitte deines Lebens, die endeten, und Abschnitte, die im Folgenden neu begannen.
Jedes Ende war mit einem Abschied verbunden, denn du wusstest, dass das, was zu Ende gegangen war, so nie wieder kehren würde. Es war einfach vorbei. Nicht, dass du es nicht wolltest, im Gegenteil, du hast dich gefreut über das Ende und die Aussicht auf den Beginn von etwas Neuem. Und doch hat es sich traurig angefühlt. Wie eine Trauerphase, die sein muss, um das Alte zu würdigen, damit es gut gehen kann.
Nicht immer hast du dir ausreichend Zeit genommen für dieses Trauern und das Würdigen dessen, was zu Ende ging. Und so möchtest du dir jetzt Zeit nehmen und diesen Gefühlen in dir Raum geben, damit alles vollständig gefühlt werden kann.

Und so atmest tief in die Gefühle hinein, die jetzt in dir wahrnehmbar sind. Und vielleicht hältst du nach der Einatmung deinen Atem eine kleine Weile an, bevor du dann langsam und bewusst wieder ausatmest. Beim Einatmen weitest du dich in dein Gefühl hinein, und beim Ausatmen lässt du so weit los, wie es losgelassen werden möchte. Nicht mehr, und auch nicht weniger.
Dafür lässt du dir Zeit.

Vielleicht kommen jetzt wieder Augenblicke, in denen du dich ablenken lässt von Gedanken oder auch von dem Wunsch, das Fühlen zu beenden. Registriere solche Impulse. Würdige sie. Folge ihnen jedoch nicht. Gehe stattdessen immer wieder hinein in deine Gefühle mit dem beständigen Atemrhythmus, der dir eine sichernde Struktur schenkt.
(längere Pause)

Vielleicht erscheinen vor deinem inneren Auge immer wieder neue Bilder aus deinem Leben. Und auch, wenn sie Unterschiedliches beinhalten mögen, kannst du doch etwas Verbindendes in ihnen erkennen. Und deswegen entscheidest du dich, folgendem Sinn- Bild zu folgen und nachzuspüren:

Du siehst ein leeres Haus vor dir. Es ist ein schönes Haus. Du hast es entworfen. Auf einem Pergamentpapier ist es entstanden. Einfache Linien, Striche, Verbindungen, einige wenige Farben. Dann war das Haus auf Papier gemalt. Die Umsetzung folgte in Gesprächen mit einem Zimmermann, einer Architektin, vielen anderen Gewerken und Fachleuten. Bis es zum Einzug bereit war. Dann hast du es eingerichtet mit deinen Möbeln, Gegenständen, die dir wichtig waren, aber vor allem hast du es gefüllt mit deiner Liebe, mit deinen Ideen und mit dem Leben, was in deinem Haus stattfand.

Viele Jahre hast du in deinem Haus gelebt, immer wieder hat es sich zwischendurch verändert, weil du dich verändert hattest, deine Lebensumstände auch.

Bis der Zeitpunkt gekommen war, an dem du sicher warst, dass es Zeit wurde für den Abschied. Und du hast begonnen, dich von Dingen zu trennen, die in die Jahre gekommen waren. Du hast Ordner sortiert, und Vieles hast du weggetan, weil du bemerkt hast, dass du es schon lange nicht mehr angeschaut hast. Du hast den Keller auf- und leergeräumt, und auf jeder Etage, in jedem Zimmer hast du immer mehr Leere geschaffen. Eine Leere, die entsteht, wenn man sich von Überflüssigem trennt. Es hat dich Zeit und Tränen gekostet, weil du Bilder angeschaut oder Gegenstände in die Hand genommen hast, die Erinnerungen in dir wachgerufen haben. Deine Tränen hatten unterschiedliche Farben und Intensitäten. Manche waren voller Bedauern, manche drückten Dankbarkeit aus, andere wieder waren voller Abschiedsschmerz. Es kostet eben Zeit und Raum, um sich zu trennen von Lebens- Abschnitten, die vorbei sind, an denen du aber irgendwie immer noch gehangen hast.

Du hast dir diese Zeit genommen.

Bis das Haus leer war. Wie leergefegt. Und sauber. Es war auf allen Ebenen gereinigt, weil du gleichzeitig auch in dir aufgeräumt hattest. Die Gegenstände waren entfernt, Gefühle waren gefühlt, Gedanken beobachtet, Inneres nach außen gekehrt, Altes verabschiedet. Raum war entstanden. Leerer Raum. Eine Leere, in der Raum für Neues schwingt.

Und wieder siehst du ein leeres Haus vor dir.

Du bist dankbar. Und verabschiedest dich. Du gibst die Schlüssel einem neuen Eigentümer. Neues Leben wird in dem leeren Haus einkehren.

Du fährst weg. Denn du fährst einem neuen Lebensabschnitt entgegen. Du wirst ihm deine Farbe geben.

Vielleicht bist du noch traurig. Aber du kannst die Freiheit spüren, die entstanden ist, wenn du Altes losgelassen hast und dich dann auf Neues einlässt.

Verabschiede dich jetzt von diesem Sinn-Bild. Lasse dir so viel Zeit, wie du benötigst.

Dann atmest du durch. Vielleicht hörst du dich seufzen.

Und wie von selbst besinnst du dich wieder auf deinen Atem. Er rauscht noch immer wie das Meer. Die Wellen kommen und gehen. Immer wieder. Es atmet ein und wieder aus. Es entsteht Fülle und dann wieder Leere. Die Wellen nehmen Raum ein und verlassen ihn wieder. Alles in dem großen Meer, das Leben heißt. Und es scheint so, als wenn es genau das ist, was immer bleibt, weil es nie aufhört zu sein.
...

Bleibe in dieser Schwingung so lange, wie sie dir guttut und bis du den Impuls spürst, die Zeit der Ruhe zu beenden.
Kehre erst dann in deinen Alltag zurück, wenn du dich bereit dafür fühlst.

Meditation „Im Einklang"

Begleitinformation:
In Einklang kommen wir, wenn wir uns ausrichten auf reines und achtsames Wahrnehmen. Wir spüren bewusst in den Körper, wir beobachten Gefühle und wir nehmen Gedanken wahr. Und während wir uns dies alles bewusst machen, erkennen wir, dass wir das erkennende Bewusstsein selbst sind und nicht das, was im Körper als physischer Reiz, emotionale oder mentale Regung wahrnehmbar ist. Wir sind das SEIN selbst und nehmen als bewusste Präsenz wahr, was sich im Körper, in den Gedanken und Emotionen ereignet.
In dieser Meditation ist eine besondere Achtsamkeit gefordert, weil sie den physischen Körper herausfordert und damit natürlich auch den mentalen Geist beansprucht. Dabei kommt der Geist zur Ruhe, weil keine weitere Kapazität mehr vorhanden ist, um grübelnden Gedanken oder belastenden Emotionen nachzugehen. Dadurch stellt sich ganz nebenbei ein Gefühl von Frieden ein, weil du wie von selbst bei dir selbst ankommst.

Diese Meditation kannst du in jeder Hinsicht umsetzen:
Zunächst natürlich, indem du sie liest und die Bilder, die in dir entstehen, auf dich wirken lässt.
Zusätzlich beinhaltet diese Meditation eine bewusste Aufforderung zur Umsetzung in die Tat.
Also lass dich inspirieren und sei mutig. Wer mutig ist, wird immer beschenkt mit einer reichen Erfahrung!

Die Meditation beginnt sofort. Stelle also sicher, dass du für einen Moment Zeit und Ruhe für dich hast. Spüre und genieße, auch wenn du erst „nur" liest.

Ziehe dir etwas Warmes an, wenn es die Witterung erforderlich macht, und wenn es möglich ist, gehe ohne Schuhe und Strümpfe nach draußen. Barfuß. So hast du direkten Kontakt zum Erdboden.

Vielleicht musst du erst ein wenig aufpassen, wenn du über den Asphalt gehst, bevor du dann irgendwann weicheren Untergrund erreichst. Aber das macht nichts.
Diese Meditation ist mit viel Achtsamkeit verbunden, und dadurch, dass du jeden spitzen Stein unter deinen Füßen spürst, hat all das, was dich sonst von dir selbst ablenkt und deine Aufmerksamkeit fordert, keine Chance, zu dir durchzudringen. Du bist beschäftigt mit der sinnlichen Wahrnehmung all dessen, was ist. Auch dessen, was der Weg, der direkt vor dir liegt, von dir verlangt. Du schaust sehr achtsam, du spürst, ob deine Füße auf dem Boden aufsetzen können, und wenn es sich nicht gut anfühlt, dann setzt du deinen Fuß ein Stück weit woanders auf. Vielleicht empfindest du es als anstrengend und bemerkst, wie stark deine Konzentration gefordert ist, doch gleichzeitig nimmst du wahr, dass du ganz im Moment ankommst.
Du bist sogar ganz bei dir.
Andere Menschen mögen zwar an dir vorbeikommen, aber du richtest dich so achtsam auf deinen Weg aus, dass du sie kaum wahrnimmst.
Eine gute Erfahrung ist das.
Jeder auf seinem Weg.
Zwar bemerkst du die anderen, aber du bleibst bei dir.
Du lässt dich nicht ablenken.
Du spürst weiter.

Wie langsam du ohne Schuhe vorwärts kommst. Wie lange du an einer Stelle verweilst, einfach nur deswegen, weil du vorsichtig bist und jeden Schritt sehr achtsam unternimmst.
Und wie lange jeder einzelne Moment währt.

Alle deine Sinne sind aktiv auf das Spüren ausgerichtet.
Intensiv können diese Sinnes-Erfahrungen sein.

Du bemerkst, wie es dich verändert. Du wirst irgendwie neu aufgeladen.
Und du registrierst, wie demütig du wirst und dankbar für das Leben. Du spürst es durch deine Adern rauschen. Die Haut an den Füßen fühlt sich heiß an, und in deinem Körper fühlst du ein Pulsieren, das gar nichts anderes zulässt als das Leben zu fühlen.

In diesem Moment ist alles da, was du brauchst.

Kein Mangel ist spürbar.
In diesem Moment der Achtsamkeit.
Du begegnest dem Leben, grad jetzt, in diesem Moment. Mit deinem ganzen Wesen.

So muss es sich anfühlen, wenn man im Einklang ist.
Im Einklang mit der Schöpfung, mit dem Leben, mit allem, was ist. Mit dem Wesentlichen.

Du ahnst vielleicht, dass du dich immer wieder entfernen wirst von diesem Moment der Einheit, aber du weißt, wie es sich anfühlt, wenn du ihm ganz nah bist.
...

Bleibe in dieser Schwingung, solange wie du sie halten kannst.
Nimm mit in deinen Alltag, was mitgenommen werden will.

Sei achtsam und dankbar!

Meditation „Vom Leben berührt"

Begleitinformation:
Ganzheit entsteht, wenn Gegensätze sich nicht ausschließen, sondern in ihrer Wertigkeit erkannt und akzeptiert werden.
Wenn alles seinen Platz erhält und da sein darf, vollendet sich etwas. Es ist wie Heil werden. Du kannst es auch unendlichen Frieden nennen. Doch auch die Unendlichkeit ist als solche nur greifbar, weil wir eine Vorstellung von Endlichkeit haben. Folglich ist sie auch ein Gegensatz zu etwas.
Zum Leben gehört alles, Freud und Leid, Gesundheit und Krankheit, Jugend und Alter, Sommer und Winter, Momente von Glück und auch von Schmerz.
Vielleicht kannst du erahnen, dass diese Gegensätze eingerahmt werden von etwas Größerem, das alles entstehen lässt. Das, was die Gegensätze umrundet, ohne als Rahmen erkennbar zu sein. Wie eine Quelle, die die Gegensätze enthält und hervorbringt. Es ist die universelle Liebe. Sie äußert sich in Selbstliebe und in Nächstenliebe. Dies zeigt sich in dem, was in Jesus Worten nachgelesen werden kann:

„Liebe deinen Nächsten wie dich selbst!"

Wenn du dich nicht liebst, kannst du deinen Nächsten auch nicht lieben. Wir täuschen uns, wenn wir denken, dass wir den anderen mehr lieben können als uns selbst. Denn das, was der andere dann bekommt, ist keine wirkliche Liebe, wenn du dich nicht selbst zu lieben vermagst. Du kannst jemand anderem eben nicht mehr geben als dir selbst. Erschwerend kommt hinzu, dass das Leben auch nicht liebenswert erscheint, wenn du dich nicht akzeptieren kannst, wie du bist.
So müssen wir bei uns selbst beginnen und Vieles, was wir dort sehen, spüren und wahrnehmen, empfinden wir oft als nicht angenehm, geschweige denn liebenswert. Doch ist der Schlüssel zum Glück und zu wahrer Liebe, Selbstakzeptanz zu leben. In jedem Moment. Mit allem, was er beinhaltet. Ohne etwas auszuschließen.
Dafür darfst du tief in dich eintauchen, um ein Gefühl dafür zu bekommen, was in dir vorgeht. Welche Gedanken, Glaubenssät-

ze, Gefühle, Prozesse und Urteile du in dir wahrnehmen kannst. Beobachte sie in jedem Augenblick.
Du solltest mit einem inneren Ja beginnen. Ein inneres Ja für das, was in dir hochsteigen möchte. Hochsteigen möchte es, weil es da ist. Was da ist, möchte beachtet werden.
Beachten wollen wir allerdings oft nur das, was wir mögen. Das heißt, wir müssen lernen, das, was wir nicht mögen, einzuladen und da sein zu lassen. Bestenfalls können wir es genauso willkommen heißen wie alles, was wir mögen.
Bereits dieses innere Ja zu dem, was ist, löst eine Welle von Entspanntheit aus, die sich wie Liebe anfühlen kann. Du liebst dich, weil du dich nicht mehr weigerst, etwas anzuschauen, was da ist.
Und so beobachtest du alles, was in dir vorgeht, und lässt es, wie es ist. Vielleicht wird es größer, vielleicht verändert es sich, vielleicht verabschiedet es sich irgendwann. Und vielleicht kannst du zudem erkennen, dass du das beobachtende Gewahrsein selbst bist und nicht das, was du an Gedanken und Gefühlen beobachtest.

Dieses sanfte bewusste Sein ist gelebte Liebe. Es ist wie die Stille jenseits von laut und leise, weil sie alles enthält und nichts mehr ausschließt. Oder eben allumfassende Liebe.

Lass dich berühren von der nun folgenden Meditation. Sie beginnt zügig, deswegen schaffe für dich einen Ort und eine Zeit der ungestörten Ruhe.

Kennst du das Gefühl, vom Leben berührt zu werden? So richtig tief berührt zu sein?
Vielleicht wird dir ein wenig mulmig, wenn du diese Fragen hörst. Berührt zu sein mag schnell dazu führen, die Kontrolle zu verlieren. Die Gefühle brechen dann wie eine große Welle über dich herein, und vielleicht drohen sie sogar, dich mitzuziehen, wohin auch immer.
Und vielleicht gehörst du sogar zu denjenigen Menschen, die große Gefühlsausbrüche vermeiden möchten?
Die auch zu vermeiden versuchen, sich einem Gefühl vollständig hinzugeben?

Ich weiß nicht, ob es so ist. Und wenn es so wäre, wäre das schlimm? Was meinst du?
Wie schnell geraten wir in eine Form von Druck, der uns suggeriert, dass es etwas zu verändern gibt. Dass wir nicht gut genug sind, so wie wir sind. Dass wir an uns arbeiten müssen, um besser zu werden. Uns Gefühlen stellen müssen, damit wir mitreden können. Dass wir vielleicht sogar etwas aushalten, vielleicht auch nur erleben müssen, damit wir dann irgendwann vollständiger sind.
Kennst du das? Mag sein.
Und wäre es schlimm?

Spüre mal, wie es dir jetzt geht. Einfach so.
Amte tief ein und bewusst wieder aus. Wiederhole das.
Und dann höre deinem Herzschlag zu, solange wie du kannst.
Vielleicht bemerkst du, wie er sich beruhigt.
Alles ist gut. Magst du es glauben?

Vielleicht fällt es dir schwer, und das darf sein.
Atme vollständig und langsam aus.

Gerade in diesem Moment lässt du dich berühren. Ist dir das bewusst?

Du lässt dich ein auf dich selbst. Du hörst deinen Herzschlag, du spürst den Atem, wie er ein- und ausströmt, vielleicht hörst du auch den Lebensstrom, der durch deine Adern pulsiert und dich daran erinnert, dass Leben in dir ist.
Ja, du hast richtig gehört. Das Leben ist in dir, es pulsiert, es atmet, es schlägt, es fließt. Das Leben in dir.

Vielleicht nimmst du wahr, dass du dich jetzt ein wenig mehr entspannen kannst, dass du tiefer loslässt.
Irgendwie ist es doch schön, dieses Leben.
Aber viel schöner ist es zu glauben, dass nichts nötig ist, um das Leben zu fühlen. Oder?

Du bist gut, wie du bist. JETZT. Erlaube dir, dies zu glauben.

Kannst du dich ein wenig mehr darauf einlassen, dass es wahr sein könnte?

Du musst nichts tun. Einfach nur sein. In diesem Moment.

Vielleicht kommt Wehmut in dir auf, weil du dich an Situationen erinnerst, in denen du nicht so entspannt warst. Erlaube es dir.
Erlaube dir auch, dich zu erinnern, ja sogar aktiv die Erinnerung an eine vergangene Situation in dir wachzurufen, mit der du dich nicht im Einklang befindest. Vielleicht spürst du ein Ziehen in deiner Herzgegend, vielleicht bemerkst du sogar, wie du versuchst, die Gefühle in dir wegzudrängen.
Lass alle Gefühle hochkommen, auch die unangenehmen. Und atme weiter.
Und gleichzeitig lässt du dich noch tiefer ein auf die Situation deiner Erinnerung, in der du vermutlich gar nicht entspannt, ja nicht einmal zufrieden mit dir gewesen bist.
Lass dir Zeit dafür, wenn du noch Zeit benötigst. Bis sie da ist, die Situation. Und dann fühlst du sie bewusst noch einmal nach. Auch die Gedanken, die kommen wollen, lässt du zu.

Vielleicht entsteht in dir der Gedanke, ein anderes Verhalten wäre damals besser gewesen.
Das kann sein.
Lass die Gedanken kommen, so wie sie sich jetzt zeigen wollen.

Es kann sein, dass du heute anders reagieren würdest als in der erinnerten Situation, weil du heute jemand anderes bist. Du hast dazu gelernt, weitere Erfahrungen gesammelt, du hast neue Erkenntnisse gewonnen. Damals konntest du eben nicht anders. Vielleicht war damals alles zu viel für dich, oder du hast dich gefürchtet. Vor was genau, wusstest du vielleicht gar nicht.
Hab Mitgefühl mit dir.
Jeder macht es so gut, wie er kann. Auch du!

Vielleicht magst du jetzt einwenden, dass jemand anders damals dein Mitgefühl gebraucht hätte.
Das kann sein, und du hast gegeben, was dir damals möglich war, würde ich erwidern.

Entspanne dich und fühl Mitgefühl in dir. Für dich. Im jetzigen Moment. Bleibe ganz bei dir.

Und vielleicht bemerkst du, dass sich nach und nach das tiefe Gefühl für dich selbst ausdehnt, nicht nur in dir und für dich, sondern auch für andere Menschen.

Vielleicht spürst du sogar, wie dieses liebevolle Gefühl dich zu Menschen zieht, die du liebst. Lasse es zu. Und auch, wenn es Menschen sind, die dir nicht so nahestehen und die du nicht gleich mit dem Begriff Liebe verbinden würdest, erlaube dir, sie in Gedanken liebevoll zu berühren.
Vielleicht zuckt es ein wenig in dir, wenn du diese Worte liest, und für einen Moment scheinst du das Gefühl von Liebe zu verlieren, weil es dir doch noch zu fremd erscheint. Es ist nicht schlimm. Es kommt gleich wieder. Bestimmt.

Und schon ist es wieder da. Eigentlich deswegen, weil du alles zulässt, was ist. Weil du dich selbst berühren lässt von dem Gefühl, was in dir ist, egal, an wen du denkst.

Tief in dir verweilt die Liebe regungslos.
Sie verweilt in dir unabhängig davon, ob du dir ihrer bewusst bist oder nicht.
Sie verweilt und wartet, bis du dich daran erinnerst, dass du selbst es bist, der die tiefe Liebe in sich trägt. Eine Liebe, die sich ausdehnen will, weil sie sich nur durchs Ausdehnen erfährt.

So erinnerst du dich, und lässt dich tief berühren von dir selbst, und dem Leben, das sich in dir bewegt.
Das Leben ist Liebe. Liebe zu dir und zu anderen.
...

Halte diese Stimmung, solange es dir möglich ist.
Kehre erst dann in deinen Alltag zurück, wenn es dich dazu drängt.
Erinnere dich, so oft du dich erinnern magst.

Meditationsgeschichte „Dein Urteil"

Begleitinformation:
Unsere Wahrnehmung ist bereits ein Urteil. Urteilen und Bewerten sind das Gleiche. Wenn wir etwas als schön bewerten, haben wir ein Urteil gefällt. Wenn wir etwas als schlecht bewerten, auch. Wie wir etwas bewerten, hängt von unserer Wahrnehmung ab. Mit der Wahrnehmung ist nämlich schon ein Urteil gefällt worden. Wir entscheiden, was wir hören, sehen, schmecken, riechen, und was wir davon ausschließen wollen.
Sicher hast du bereits die Erfahrung gemacht, dass du eine Situation ganz anders in Erinnerung hast als jemand, der mit dir die gleiche Situation erlebt hat. Es scheint dann, als wenn ihr gänzlich unterschiedliche Erlebnisse gehabt hättet. Dies hängt mit den Wahrnehmungsbrillen zusammen, die wir aufhaben und die sich im Laufe unserer Entwicklung gebildet haben. Sie filtern und selektieren. In unsere bewusste Wahrnehmung gelangt dann nur das, was unserem inneren Bewertungssystem entspricht, bzw. gelangt nicht, was diesem nicht entspricht.
Jedes Urteil, jede Bewertung, jeder Gedanke hat auch ein Gefühl im Schlepptau. Über die Gefühle können wir relativ leicht feststellen, wie unser gedankliches Urteil ausgefallen ist, ohne den entscheidenden Gedanken bereits zu kennen. Fühlen wir uns eher schlecht, hatten wir einen negativen Gedanken, einen, der ausdrückt, dass wir mit irgendetwas nicht zufrieden oder im Einklang sind. Fühlen wir uns gut, hatten wir Gedanken, die positiv waren und die Zufriedenheit mit dem, was ist, ausdrücken.
Es ist wichtig, sich seiner Urteile bewusst zu werden, damit man sie im Anschluss überprüfen kann. Bestenfalls lassen wir die Urteile fallen. Denn wo kein Urteil ist, da findet auch keine emotionale Erregung oder Beunruhigung statt. Und wo kein emotionaler Aufruhr herrscht, da werden auch keine Entscheidungen getroffen, die im Nachhinein bereut werden.
Vielleicht ist es schwierig für dich anzuerkennen, dass Bewertungen und Urteile grundsätzlich nicht nutzbringend sind. Was nicht heißt, dass wir unseren Verstand gar nicht mehr benutzen sollten. (Dies hier als kleinen Hinweis!)
Aber denke mal daran, wie oft du schon anderer Meinung geworden bist, weil neue Informationen deinen Kenntnisstand verändert haben. Und wenn du an deine Kindheit zurückdenkst,

hast du sicher Vieles anders empfunden/bewertet als jetzt als Erwachsener. Wie viele Urteile würdest du heute nicht mehr oder anders treffen? Und wie schön wäre es, alles als gleichwertig stehen lassen zu können? Ohne Urteil darüber, was besser oder schlechter, richtig oder falsch ist. Zumal wir nicht wirklich alle Fakten kennen können, die uns zu einem „richtigen" Urteil befähigen.
Letzten Endes kann sich sogar herausstellen, dass kein Urteil der Wahrheit entspricht.
Eine radikale Aussage, sicher! und doch lohnt es sich, dies zumindest in Erwägung zu ziehen. Auch in Erwägung zu ziehen, dass alle Urteile, die wir über andere Menschen fällen, in Wahrheit mit uns selbst zu tun haben. Denn wir sind nicht in Frieden mit uns und der Welt, wenn wir negativ denken und andere beurteilen.

Nimm dir jetzt einen Moment der Stille, und lasse dich dann ein auf die nun folgende Meditationsgeschichte. Folge ihr in einem Tempo, das für dich angemessen ist und das dir ausreichend Zeit gibt, um in Resonanz zu gehen mit dem, was in den Worten schwingt.

Stille senkt sich über das Land.
Du kannst weit schauen. Wie ein König, der sein Land bis zu dem Punkt am Horizont betrachtet, wo es sich in der Weite wieder verliert. Die Sonne ist längst untergegangen, und doch ist es nicht dunkel. Es ist dieses besondere Licht, verbunden mit dem sanften Schweigen, das die näherkommende Nacht ankündigt. Die Natur beginnt zu ruhen und Feuchtigkeit fällt langsam auf die Erde hinab. Als wenn alles unter einem leichten und seidig schimmernden Betttuch verhüllt würde. Man sieht es nicht, dieses Tuch. Ganz leise, still und bedächtig senkt es sich, und es kehrt Frieden ein für einen Moment lang. Bis am nächsten Morgen alles wieder erwacht. Aber so weit ist es noch nicht.
Jetzt ist nur Stille spürbar. Der Frieden scheint fast greifbar, obwohl du nicht nach ihm greifen kannst. Längst weißt du, dass Frieden im Außen nur dann zu finden ist, wenn du ihn aus deinem Inneren heraus nach außen dehnst. Wenn du friedlich mit

dir bist unabhängig davon, in welcher Situation du dich gerade befindest.
Jetzt ist so ein Moment. Du fühlst dich friedlich. Im Einklang. Und überlegst für einen kleinen Moment, welche Mühe es dich gekostet hat.
Du weißt, dass es nicht immer so war. Dass du gehadert hast mit dir, mit anderen und mit dem Leben an sich. Bis du beschlossen hast, mit dem Hadern aufzuhören. Dafür musstest du allerdings erst deutlich anerkennen, dass du nicht zufrieden warst. Dass du dir Vieles anders gewünscht hast. Dass dieses Viele aber nun mal so war, wie es war, und dass du das Meiste davon nicht ändern konntest. Deswegen hast du beschlossen, damit aufzuhören, die Dinge als schlecht zu bewerten.
Zu Beginn war es nicht leicht. Manchmal hattest du den Eindruck, als wenn du dir etwas vorgaukelst. Deswegen hast du bisweilen eine andere Strategie gewählt, indem du versucht hast, die Medaille umzudrehen und Vorteile zu finden, die die jeweilige Situation vielleicht haben könnte. Das hast du so lange praktiziert, bis du fündig geworden bist. Und dann hast du tatsächlich bemerkt, dass dein vorheriges Urteil nicht mehr stimmig war.
Bis du das Urteilen ganz gelassen hast.
Auch das funktionierte nicht gleich. Aber immer schneller hast du bemerken können, wenn du geurteilt hast, und hast das Urteil sogleich zurückgenommen in dem Wissen, dass das Ganze genauso gut anders bewertet werden kann. Was auch immer es war.
Und immer wieder hast du dir Zeit genommen, um im Alltag deine gedanklichen Urteile zu betrachten. Die meisten von ihnen waren negativ. Und als dir diese Tatsache bewusstwurde, hast du sogar ganz deutlich wahrgenommen, welche Folgen diese Urteile auf dein Befinden hatten. Du hast dich nämlich sehr schlecht gefühlt und deine Stimmung sank förmlich in den Keller hinab. Das war nicht schön.
So entstand in dir der Antrieb und die Motivation, solche negativen Urteile aus deinem Verstand auszusortieren. Ganz bewusst hast du dir diese Zeit genommen, immer wieder. Schwer zu finden waren sie nicht, denn immer wieder konntest du beobachten, wie schnell sich negative Urteile in deinem Denken breit gemacht haben. Diese Urteile hast du dir dann vorgenommen, sie angeschaut und der Überprüfung unterzogen. Entweder hast

du dir gesagt, dass deine Bewertung sicher einseitig ist und Vieles bei der Beurteilung nicht berücksichtigt, oder du hast dich bemüht, Gründe dafür zu finden, warum das Gegenteil deines Urteils genau so wahr sein kann. Und so hat es sich wie von selbst verabschiedet, dein negatives Urteil. Bis es in eine Selbstverständlichkeit überging, dich selbst zu beobachten und rechtzeitig ein Stopp zu setzen, wenn deine Stimmung abfiel.

Alles in allem kannst du sehr zufrieden mit dir sein.
So wie jetzt.
Denn du weißt, dass du es geschafft hast, die Verantwortung für dich und deine Lebensfreude zu übernehmen. Weil du weißt, dass es kein anderer für dich tun kann.
Du könntest es gelebte und immer wieder praktizierte Vergebung im Alltag nennen.

Du atmest durch.
Und entspannst dich genau wie die Natur, die sich in der herannahenden Nacht zur Ruhe legt.
Frieden ist eingekehrt. Überall.

Meditation „Mein größtes Potential"

Begleitinformation:
Wenn wir als Baby auf die Welt kommen, sind wir noch in direkter Verbindung mit uns selbst und mit der Schöpfung. Wir nehmen ohne Urteil wahr, und unser Körper ist ein eindeutiges Biofeedbacksystem. Wenn wir Schmerz spüren, schreien wir, wenn wir uns warm, satt und zufrieden fühlen, sind wir ruhig und erfüllt. In den ersten Lebensjahren lernen wir, uns unsere Welt zu erschließen und uns immer wieder anzupassen an Herausforderungen und Wachstumsaufgaben. Viele Glückserfahrungen sind mit diesem Lernen gekoppelt. Wir sind im Einklang mit Fühlen und Handeln. Vielleicht, weil das Urteilen noch nicht stattfindet. Wir folgen unserer Neugier und leben sie aus. Das ist ein Zustand, der dem Verwirklichen unseres höchsten Potentials am nächsten kommt.
Und dann lernen wir, dass nicht alles, was wir tun, von anderen gemocht wird. Und so lernen wir auch, uns auf eine ganz bestimmte Art und Weise zu verhalten, damit wir Aufmerksamkeit und Liebe bekommen. Kleine Kinder folgen damit dem wichtigsten Grundbedürfnis, dem der Verbundenheit, und in der frühen Kindheit ist dies nahezu überlebenswichtig. Wir brauchen eine Grundversorgung, sonst können wir nicht überleben. Und so streben wir danach, unserer Mutter zu gefallen, damit sie unsere Grundbedürfnisse stillt. Nach und nach kann es dann passieren, dass wir den Bezug zu uns selbst aufgeben, weil wir lernen, dass nur ein bestimmtes Verhalten gemocht und deswegen erwartet wird. Wir beginnen, nicht nur unsere eigenen Bedürfnisse nach freier Entfaltung zu unterdrücken, sondern auch bestimmte Gefühle, die nicht gewollt sind, zu verdrängen. In letzter Konsequenz werden wir uns selbst fremd. Und so können wir manchmal gar nicht sagen, was unser größtes Potential ist, weil wir allein die Frage danach gar nicht verstehen. Wir überlegen dann eher, was wir an Wissen und Qualifikationen haben oder was wir gut können. Doch ob es uns und unserer ureigenen Natur entspricht, was wir an Qualifikationen gesammelt haben und davon im Leben zeigen, können wir nicht eindeutig sagen. Manchmal sogar müssen wir zugeben, dass wir insgeheim einmal andere Wünsche hatten, die wir aufgegeben haben, weil wir dachten,

dass sie keinen Anklang finden bei der Familie, der Gesellschaft oder im Freundeskreis.
Und so müssen wir beginnen, den Weg zurückzuschreiten, hin zu uns selbst. Wir müssen wieder Zugang finden zu unserem Fühlen, was seinen eindeutigen Widerklang in Körperreaktionen findet. Wir müssen also lernen, mehr auf uns selbst zu hören, indem wir lernen, uns zu fragen:
Was tut mir eigentlich gut?
Oder: Tut mir das, was ich jetzt vorhabe, wirklich gut?

Nähere dich dieser Thematik in der nun folgenden Meditation.

Jede Meditation beginnt in der Regel mit den Worten „Komme zur Ruhe". Und womöglich hast du dich schon gefragt, wie du denn zur Ruhe kommen sollst, wenn innerlich so viel Unruhe herrscht. Und auch wenn du bereits Antworten auf deine Frage erhalten hast, kann es sein, dass es dir nicht so recht gelingen mag, diese Tipps anzuwenden. Leicht formuliert sind sie zwar, leicht anwendbar auch. Und doch magst du es vielleicht als schwer empfinden, sie umzusetzen.
Was möglicherweise fehlen mag, ist deine innere Ausrichtung und deine Bereitschaft, für einen Moment wirklich loszulassen und dich hinzugeben.
Und weil es bisweilen vielen so gehen kann wie dir, folgt hier wieder eine liebevolle Einladung, dich zu entscheiden für eine Zeit, die du nur mit dir verbringst. Du musst dich nur entscheiden. Das genügt.

Und nun entscheidest du dich, alle „Unruhe"-Faktoren so gut wie möglich auszuschalten und die Türen im Außen zu schließen, damit du sie in aller Ruhe nach innen öffnen kannst. Bist du soweit?
Wenn du bis hierhin gekommen bist, ist es völlig unbedeutend, ob du dich innerlich noch unruhig fühlst oder nicht. Viel wichtiger ist, dass du zulässt und anerkennst, was ist, was auch immer es ist. Eigentlich ganz einfach.
Die Akzeptanz dessen, was ist, ist der Schlüssel zu jeglichem Frieden und zur allumfassenden Liebe, die sich immer in der Liebe zu dir selbst offenbart. In der Liebe, die sich darin äußert,

dass du alles mit der gleichen Aufmerksamkeit und Achtsamkeit versiehst, die du jetzt aufzubringen vermagst.
Atme durch.
Vielleicht das erste Mal so bewusst wie jetzt.
Tue das noch einige weitere Male. Richte dabei deine Konzentration auf deinen Atem. Versuche, die Ausatmung zu verlängern, ohne allzu viel Anstrengung dabei zu empfinden. Es ist immer gut und ausreichend, wie du es jetzt grad tust.
Lass dir Zeit.

Und dann beobachtest du deinen Körper und gehst ihn Stück für Stück durch, indem du wahrnimmst, wo vielleicht Anspannung oder Druck vorhanden ist, wo es sich warm oder kalt anfühlt, und wo es sich stimmig und rund anfühlt. Dies sind oft die Körperstellen, denen wir im Alltag wenig Beachtung schenken, eben weil dort alles so harmonisch funktioniert.

Bist du bereit?

Dann beginnst du bei deinen Zehen, deinen Fußsohlen, deinen Fersen, den Fußgelenken, den Waden und den Schienbeinen, den Knien und den Oberschenkeln. Bis du über das Becken, deinen Bauch, den Rücken, deinen Brustkorb bis zum Hals und zum Kopf gelangt bist. Vielleicht denkst du sogar an deine Kopfhaut, deine Ohren, die Nase und den Nacken. Überprüfe, ob du deine Aufmerksamkeit auch deinen Armen und Händen sowie jedem einzelnen Finger geschenkt hast.

Im Anschluss versuche, deinen Körper in seiner Gesamtheit zu fühlen. Dein volles Bewusstsein versenkst du dabei in deinen Körper.
Kannst du spüren, wo deine Körpergrenzen enden?

Es mag dich verwundern, dass du es vielleicht gar nicht genau wahrnehmen kannst.
Reflektiere deine Erfahrungen für einen Moment.

Versenke dann erneut dein Bewusstsein in deinen Körper und versuche, eine stille Präsenz in dir wahrzunehmen. Es ist wie eine Ausrichtung auf Stille, mit gleichzeitigem präsent sein in deinem Körper. Wie eine gespannte Aufmerksamkeit.

Spüre diese Präsenz in dir ganz bewusst und so gut es jetzt möglich ist, und beantworte dann folgende Fragen:

Weißt du, was dich wirklich ausmacht?
Weißt du, wer du bist?

Vielleicht bist du dir für einen klitzekleinen Augenblick unsicher.
Lass es zu.
Ganz sicher hast du etwas Pulsierendes in dir gespürt, was du mit Leben assoziieren magst.

Es ist die Kraft, die in dir strömt und die durch dich etwas zum Ausdruck bringen möchte. Weißt du, was es ist? Lass dir Zeit.

Wenn du ungeduldig sein solltest, frage dich, an wen du dich wenden könntest, damit er dir weiterhilft?

Vielleicht bist du wieder für einen kleinen Augenblick unsicher, weil du in Gedanken die Menschen aus deinem Leben vor deinen inneren Augen erscheinen lässt und prüfst, welcher von ihnen für diese Fragen und Antworten passend erscheinen mag.
Wie empfindest du die Beziehung, die du mit diesen Menschen führst?
Bist du diesen Menschen dienlich und sie dir?
Würdest du die Beziehungen zu ihnen als wertschätzend und hilfreich beschreiben?
Spüre eine Weile nach und lass alle Gefühle und Gedanken zu, die diese Fragen in dir ausgelöst haben. Beobachte ohne wegzudrängen, aber auch ohne festzuhalten. Lass dir wiederum Zeit.

Ziehe dann ein Resümee.
Es kann sein, dass du zu der Erkenntnis gekommen bist, dass nicht alle Beziehungen in deinem Leben wertschätzend und hilfreich sind. Dass du bisweilen Kompromisse lebst, die dir und deinen Werten nicht entsprechen. Vielleicht hast du auch nur irgendeine Ahnung bekommen, die sich durch ein gewisses Gefühl bemerkbar macht.

Weißt du, was sich durch dich zum Ausdruck bringen möchte?

Es ist nicht schlimm, wenn du jetzt noch keine Antwort weißt. Es wäre aber gut, wenn du dieses Nicht-Wissen zur Kenntnis und zum Anlass nehmen würdest, um dir selbst mehr auf die Spur zu kommen.
Und vielleicht magst du folgenden Sätzen nachspüren und sie im Anschluss an diese Meditation mit in deinen Alltag nehmen, damit sie dir Orientierung geben können:

Ich weiß, wer ich bin.
Ich kenne meinen Weg.
Ich kenne mein Ziel.

Ich umgebe mich mit den Menschen, von denen ich mich erkannt fühle.
Ich umgebe mich mit den Menschen, die mir zuhören und mich erhöhen.
Ich umgebe mich mit den Menschen, die mich unterstützen.

Ich folge mir selbst.
Ich bin der, der ich immer war und immer sein werde.
Ich lebe mein größtes Potential.
…

Lenke zum Abschluss deine Aufmerksamkeit wieder auf deinen Atem. Atme bewusst ein und versuche, die Ausatmung länger als die Einatmung zu gestalten. Schenke dir noch eine Weile Ruhe, bevor du in deinen Tag zurückkehrst. Sei achtsam.

Meditationsgeschichte
„Das Haus am Waldrand"

Begleitinformation:
Diese Geschichte ist entstanden auf einer weißen Bank, die direkt an meinem Haus stand und ausgerichtet war auf ein Feld. Ich konnte weit schauen, deswegen habe ich es auch so geliebt, auf dieser Bank zu sitzen und einfach nur Richtung Horizont zu schauen. Viele Meditationen sind auf dieser Bank entstanden.
Irgendwann ist mir das andere Haus, von dem hier die Rede ist, in den Blick geraten. Ich war erstaunt, weil es mir bis dahin nicht aufgefallen war. Dann habe ich mich eingelassen auf das, was ich wahrnehme. Und plötzlich war der Perspektivenwechsel da und ich habe mir vorgestellt, wie es aussieht, wenn ich von dort aus und hin zu mir und meinem Haus schaue.
Diese Geschichte kannst du übertragen auf dein Leben oder auf alltägliche Situationen. Denn es lohnt sich immer, die Perspektive zu wechseln und damit alles aus einer gänzlich anderen Richtung zu betrachten. Es erweitert den Horizont und zeigt dir auf, dass alles auf dieser Welt mindestens zwei Seiten hat.

Folge der Geschichte und nimm wahr, was sie in dir auslöst und mit was du in Resonanz gehst. Die Geschichte beginnt sofort.

Dein Haus steht am Rande eines Feldes. Du bist sehr dankbar, dass du Weite vor dir hast und nicht in ein Fenster eines Nachbarn schaust.
So sehr du die Menschen auch magst, du liebst es, deinen Platz zu haben, deinen eigenen freien Raum, in dem dich keiner ablenkt und von dem aus du in die Weite des Horizontes blicken kannst.
Es ist ein Privileg, findest du.
Keiner von den anderen Hausbesitzern hat diesen Ausblick. Dein Haus wird bis zum Sonnenuntergang von der Sonne angestrahlt, und wenn du vor der Haustür auf deiner weißen Bank sitzt und Spaziergänger bei dir vorbeigehen, sagen sie oft, wie schön dein Haus aussieht.

Du betonst dann gerne, dass du dir dessen bewusst bist und es immer noch nicht glauben kannst, dass dieses Grundstück auf dich gewartet hat.
Keiner wollte es damals haben, so schien es, denn deine Nachbarn hatten sich längst für andere Grundstücke entschieden. Und so war es wohl für dich bestimmt und wartete.
Natürlich, am Ende der Häuserreihe bekommst du auch das meiste Wetter ab, deine Fenster müssen öfter geputzt werden, Sturm hörst du viel lauter.
Vielleicht war das der Grund, aus dem sich die Anderen die Grundstücke ausgesucht haben, die geschützter liegen.

Heute sitzt du wieder vor deinem Haus und schaust ins Weite.

Immer, wenn du auf deiner Bank sitzt, siehst du einen großen alten Bauernhof, der am Rande des Feldes steht. Er wird nicht mehr bewirtschaftet und so scheint er ein wenig verkommen. Schade eigentlich, denkst du, und doch magst du ihn.

Dein Blick schweift in die Ferne, und bald entdeckst du ein kleines Häuschen am Waldrand, das noch viel weiter entfernt ist. Bisher ist es dir nicht aufgefallen. Du wunderst dich.
Aus dem Schornstein steigt leichter Rauch in den Himmel. Dort scheint Leben zu wohnen. Soweit du erkennen kannst, ist es ein kleines, altes Fachwerkhäuschen. Große Bäume stehen im Halbkreis dahinter, aber zum Feld hin ist die Sicht frei und offen. Freiheit nach vorne, Schutz von hinten, denkst du.

Wie schön muss es sein, dort zu wohnen.

Du träumst dich dorthin und stellst dir vor, dort zu sein und von dort auf einer Bank vor der Haustür zu sitzen.
Du siehst weite Felder vor dir, Rehe ganz nah, Vögel am Himmel, kein Weg vor deinem Haus, nur reines Alleinsein.
Wie schön es ist, findest du.
Wie schön es ist, hier zu sitzen und nur zu schauen.

Weit hinter dem großen Feld beginnt eine Häuserreihe, die du nur im Ansatz erkennen kannst. Das Haus am Beginn der Reihe kannst du allerdings gut sehen, auch wenn es weit weg ist. Es sieht aus wie ein Schwedenhaus, rotes Holz leuchtet dir entgegen. Geschmackvoll findet du es.

Bestimmt ist es schön, dort zu wohnen.

Und du träumst dich dort hin.
Und kommst dort an, wo du begonnen hast. Du fühlst dich bereichert. Irgendwie vollkommener.

Leben betrachtet aus unterschiedlichen Richtungen.
Alle Perspektiven haben ihren Reiz.

Du sitzt immer noch auf deiner Bank. Dein Blick schweift weiter.
....

Meditation „Reines Sein"

Begleitinformation:
Vielleicht hast du bisweilen gedacht, dass du dich im Laufe deiner persönlichen Entwicklungsreise trennen musst von Erwartungen, die dir lieb sind. Dass du sogar alles, was dir hier auf der Erde lieb und teuer ist, aufgeben musst. Dass das der Preis dafür sein muss, zu erwachen und die Glückseligkeit zu finden, die deine spirituelle Natur ist.
Es scheint eine tiefe innere Prägung des Menschen zu sein, dass wir meinen, etwas opfern zu müssen, damit wir etwas anderes im Gegenzug dafür erhalten.
In diesem Zusammenhang wird gerne von Schuld gesprochen. Schließlich machen wir uns als Menschen irgendwie ständig schuldig, in den Augen von anderen ganz sicher. Und wie gut kennen wir auch in uns das Gefühl von Schuld, von „nicht gut genug zu sein" oder „versagt zu haben". Und dabei sehnen wir uns doch so sehr danach, vollständig und vollkommen zu sein. Ohne Schuld, ohne Grund zur Scham, einfach der Liebe wert. Damit wir dann endlich angekommen sind.
Diese Sehnsucht ist gut. Darüber hinaus ist es sogar wünschenswert, dass du deine Erwartungen hochschraubst, dass du dich nicht zu reduzieren versuchst. Dass du dir deine allerhöchsten und erhabensten Wünsche stets und ständig bewusst machst. Denn du sehnst dich schließlich nach unendlichem Glück.
Das einzig Wichtige ist, dass wir den Ort der Suche im Blick behalten. Denn wenn wir im Außen suchen, in materiellen Dingen, werden wir Unendlichkeit nicht finden, unendliches Glück auch nicht. Alles auf dieser Welt ist endlich, und damit ist es nicht das, was uns Frieden und dauerhaftes Glück bringen kann. Besinne dich also auf dein Inneres, auf Glückseligkeit tief in dir. Sie ist unendlich, und du kannst sie ohne Ende ausdehnen. Das Gespür dafür findest du nur im Moment. Im Jetzt. Und je öfter du dich auf das, was jetzt ist, ausrichtest und all deine Gedanken über Zukunft oder Vergangenheit unbeachtet an dir vorbeirauschen lässt, desto intensiver ist deine innige Verbindung mit der unendlichen und grenzenlosen Glückseligkeit in dir.
Das ist Reines Sein. Versuche es.

Nimm dir eine Zeit der Ruhe, folge den Anweisungen dieser Meditation und gehe in Schwingung mit den beschriebenen Gedanken und Gefühlen.

Schließe deine Augen.
Und spüre die Bereitschaft in dir, zu tun, was dir guttut. Nach innen zu schauen und vielleicht Klänge ruhiger Musik zu hören, die du längst in deinem Inneren verankert hast. Sie klingen wie aus dem Himmel zu dir gesandt und bringen dich sofort in das Hier und Jetzt. Und du darfst es genießen, weil dieser eine Augenblick so friedlich ist.

Atme einmal durch.

Tief ein und tief aus.

Und schon hast du Belastendes abgegeben.
Es kann so schnell gehen, wenn du überhaupt in Begriffen von Zeit denken möchtest. Denn im Hier und Jetzt gibt es keine Zeit. Hier hört sie auf, und sofort bist du in der Ewigkeit. Und in der Ewigkeit gibt es nichts, was belastet. Dort ist nichts als friedliche Ruhe. Reines Sein. Wie Schweben mag es sich anfühlen, und doch ist es so viel mehr. Reines Sein in Worten zu beschreiben, schränkt wieder ein, und du willst dich nicht mehr beschränken lassen. Du weißt, dass du mehr bist als in Worten jemals erfasst werden könnte.

Für einen Moment fühlst du einfach.

Vielleicht spürst du Gänsehaut an den Grenzen deines Körpers, vielleicht erfüllt dich eine Welle voller Liebe und Dankbarkeit, und das Schönste mag sein, dass die Leere in deinem Kopf dich so ausfüllt, dass du dich als puren Genuss beschreiben könntest, wenn du es wolltest. Aber jetzt genießt du nur. In diesem einen Augenblick der Ewigkeit.

Und dann besinnst du dich wieder auf deinen Atem. Er trägt Dankbarkeit in jeden Winkel deines Körpers und gleichzeitig weit darüber hinaus. Du kannst es bei jedem Atemzug wahrnehmen.

Grenzen spürst du schon lange nicht mehr, zumal du mit geschlossenen Augen die Grenzen deines physischen Körpers ohnehin nicht lokalisieren kannst. Die Wahrnehmung über deine Sinne ist so fehlerbehaftet und illusionär, dass du dich nicht täuschen lassen magst. Du spürst lieber nach dem, was du bist.

Reine Liebe.
Reines Sein.

Und wieder wirst du von einer Welle von Dankbarkeit erfasst.
Es ist so einfach, glücklich zu sein. Mit dem, was ist.
Glück pulsiert in dir.

Und es ist so viel mehr. Gott, Schöpfung, Licht, Liebe, inneres Leuchten. All diese Begriffe liebst du, weil sie dich hinführen in diesen Zustand reinen Seins.

Das Pulsieren der Kraft führt dich in immer größeren Bahnen hinaus aus deinem Körper, auch weit hinaus aus dem Raum, in dem du dich zurzeit befindest. Du spürst die Energie der Welt, des Universums, der ganzen Schöpfung. Es ist begleitet von einem Gefühl des Einsseins, das dich mit allem, was ist, verbindet.

Und wieder atmest du tief ein und aus.
Und nochmal ein und aus.
Voller Bewusst-Sein.

Du weißt, dass du dich gleich wieder verabschieden wirst von diesem tiefen Gefühl des Friedens und wieder hinaus in dein Leben gehst, wo es immer wieder Momente geben wird, in denen du fast vollständig vergisst.
Aber du weißt auch, dass dich etwas begleitet, das dich erinnern wird und dich rechtzeitig zurückbringt in den Zustand reinen Seins. Immer dann, wenn es wieder nötig ist.

Es ist die tiefe Liebe und deine Bereitschaft, dich immer wieder zu binden an die Quelle, die das reine Sein in dir hervorbringt.
…

Bleibe in diesem Gefühl und dehne es aus, so lange du es halten kannst.
Trage es mit dir, so gut, wie es dir möglich ist.

Meditationsgeschichte „Das was bleibt"

Begleitinformation:
„Das was bleibt" ist die Liebe in ihrer wahren Essenz. Sie war, sie ist und sie wird immer sein. Sie ist die Quelle, von der wir ein Ausdruck sind. Diese Liebe stellt keine Bedingungen, denn Liebe ist immer grundlos.
Wir Menschen haben jedoch oft bestimmte Vorstellungen von der Liebe und wie sie sich ereignen soll. Wir haben Erwartungen, auch an den Menschen, den wir zu lieben meinen. Und schon schränken wir die Liebe ein.
Diese Geschichte soll dich hinführen zu dem Gefühl der reinen Liebe. Es ist ein Gefühl, das bleibt, unabhängig davon, ob sich eine Liebe auf Erden erfüllt oder nicht. Und auch, wenn zwei Menschen nicht als Paar zusammenleben, können sie doch auf einer viel tieferen Ebene in Liebe verbunden sein. Sie sind verbunden in dem Wissen, dass die göttliche Liebe ewig ist und uns alle verbindet und nährt. Diese Liebe ist und bleibt, auf immer und ewig. Und sie trägt uns, immer.

Nimm dir Zeit für dich und lass dich ein auf die folgende Geschichte. Sie beginnt einfach so. Und sie endet irgendwie nicht…

Heute schwelgst du in Erinnerungen. Das tust du besonders gerne, immer dann, wenn es sich ergibt und du es dir irgendwie erlauben kannst.
Ergeben tut es sich durch einen Impuls von außen:
Ein bestimmter Geruch, der in deine Nase weht, ein Bild aus der Natur, das dich irgendwo erreicht, eine Person, die so ähnlich aussieht wie jemand, den du sehr geliebt hast, eine Melodie, die dich genau an diesen einen besonderen Moment erinnert.
Und schon bist du mitten drin in der Zeit von damals. Sie fühlt sich nicht an wie eine vergangene Zeit, sondern so, als wenn es jetzt passiert.
Es kann sein, dass du dabei weiter deinem Alltag nachgehst und deine Augen auf sind, aber du schaust nicht wirklich nach dem, was im außen los ist. Du bist ganz in diesem einen Moment versunken, der so fest in dir eingebrannt ist, dass du dir nicht vorstellen kannst, dass du ihn jemals vergessen könntest.

Du liebst es, in die Bilder deiner Vergangenheit einzutauchen.
Und es scheint wirklich wie ein Tauchen zu sein. Du versenkst dich in ein tiefes Meer von Gefühl. Du badest darin, und irgendwie kommst du jedes Mal wie aufgetankt aus diesem Meer hervor. Du fühlst dich erfüllt.
Auch ein anderes Gefühl gesellt sich stets dazu. Es ist Sehnsucht. Sie bleibt in unterschiedlicher Intensität, auch wenn du wiederaufgetaucht bist, und immer, wenn sie wieder besonders stark geworden ist, dann versenkst du dich erneut in dein Meer der Erinnerungen. Immer wieder zieht dich die Sehnsucht dort hin.

Hin zu diesem Moment.
Du weißt noch, was du getragen hast. Lange hast du vor deinem Kleiderschrank gestanden und überlegt, womit du dich wohl fühlst, womit du schön aussehen wirst. Und einige Male hast du dich umgezogen und dich im Anschluss doch für deine erste Wahl entschieden.
Ein einfaches T-Shirt mit langen Armen. Es war Winter und nicht so warm, dass es für eines mit kurzen Ärmeln gereicht hätte. Dazu hast du eine bequeme Hose gewählt, die gut zu der Farbe des T-Shirts passte.
Der Zeiger der Uhr schien wie festgeklebt, er wollte einfach nicht weiterwandern. Kaum sichtbar in seiner Bewegung verharrte er auf der Stelle.
Unerträglich war das für dich, weil du die Verabredung eine gefühlte Ewigkeit herbeigesehnt hattest.
In deiner Vorstellung hattest du schon hunderte Male den Moment durchgespielt, jedes Mal war er anders ausgegangen. Jetzt willst du erleben, wie es sich anfühlt, diesem Menschen gegenüber zu stehen, ganz alleine mit ihm zu sein, ihm langsam näher zu kommen, ihn zu berühren, seinen Geruch wahrzunehmen, dich berühren zu lassen.

Du schaust wieder aus dem Fenster.
Es ist dunkel, obwohl es erst spät am Nachmittag ist. In den letzten Wochen hat die Nacht sich immer mehr vom Tag erobert. Es wird noch dauern, bis es andersherum ist und sich das Licht wieder mehr von der Dunkelheit zurücknimmt.

Du liebst diese dunkle Zeit, weil es häuslicher wird, gemütlicher mit Kerzen und leiser Musik, die Menschen näher aneinanderrücken, vor dem Feuer manchmal.
Draußen weht ein scharfer Wind und kaum jemand geht heute freiwillig länger hinaus.
Du wartest auf eine menschliche Bewegung auf dem Fußweg, der zu deinem Haus führt. Du wartest auf einen besonderen Menschen.

So lange hat es gedauert, bis es zu dieser Verabredung kam.
Ihr kanntet euch schon länger, ihr mochtet euch vom ersten Augenblick an, aber dass es mehr war, wolltet ihr beide nicht gleich wahrhaben. Es hat sich entwickelt, verhindert werden konnte es irgendwie nicht.
Immer, wenn ihr euch gesehen habt, war diese Freude da und das Bedürfnis, die Zeit ins Unermessliche auszudehnen, sie anzuhalten, nur für diesen einen Augenblick.
Aber auch das ist dir erst später klar geworden.
Wie sehr du diesen Menschen schon zu Beginn geliebt hast, wusstest du damals noch nicht. Nur, dass du dich besonders wohl in seiner Nähe fühltest. Als wenn sich zwei Teile einer Seele treffen, die zusammengehören. Es passte einfach alles.
Ihm ging es genauso.
Erst viel später habt ihr darüber gesprochen. Am Telefon. Als es nicht mehr anders ging. Es musste einfach gesagt werden, wie gerne ihr euch mögt. Und dann habt ihr euch entschlossen, euch zu verabreden. Für Heute.

Deine Aufregung wird größer, noch nie warst du mit diesem Menschen allein.
Du schaust wieder auf die Uhr. Eigentlich müsste es gleich so weit sein.
Aus welcher Richtung er wohl kommt?

Und dann siehst du eine Person schnellen Schrittes den Weg hinaufkommen, die Kapuze weit ins Gesicht gezogen.

Das Licht vor deiner Haustür springt an.
Es klingelt.
Du atmest durch, öffnest deine Tür.

Ihr schaut euch an.

Ihr umarmt euch.

Zwei Seelen. Ganz nah.
...

Dann wirst du dir wieder des jetzigen Momentes bewusst. Es dauert vielleicht eine Weile, weil du wie aus einer anderen Welt zurückkommen musst.
Du nimmst etwas mit aus dieser Zeit der Erinnerung, jedes Mal tust du das.
Du fühlst dich aufgetankt mit der Liebe, die du damals so intensiv empfunden hast, und dieses *Damals* ist so nah, als wenn du es immer und immer wieder im JETZT erlebst.
Liebe durchströmt deinen Körper wie ein Lebenselixier.
Sie aktiviert sich durch deine Erinnerung.
Und nach und nach mischt sich Sehnsucht dazu, wird stärker und stärker, bis du wieder in diese Erinnerung abtauchst, so als wenn du sie immer wieder wiederholen musst.
Nur für dich.

Immer wieder diesen einen unveränderlichen Moment in dir.
...

Bist du bereit, dich vom Glück finden zu lassen?

Deine ureigene Wahrheit ist beständiges Glück. Dieses Glück ist deine spirituelle Natur.
Bist du bereit, dich von diesem Glück finden zu lassen?

Ich mag diese Frage, weil ich die Formulierung als wohltuend und entlastend empfinde. Sie gibt mir das Gefühl, dass ich nicht suchen muss, sondern dass ich mich finden lassen darf.
Geht es dir auch so?

Das Einzige, was ich tun muss, ist, mich zu öffnen für das „Finden lassen". Und dann kann ich mich hingeben und mich dem Lauf des Lebens anvertrauen.
Vertrauen zu haben, unabhängig davon, was passiert, auch unabhängig davon, wie weit das Leben sich von eigenen Vorstellungen entfernt hat, ist sicher bisweilen schwer. Vielleicht bedarf es deswegen auch immer wieder einer neuen Entscheidung gerade in Zeiten, in denen wir glauben mögen, dass wir sehr weit entfernt sind vom dem Glück, das wir suchen. Wenn wir meinen, dass wir außer Hindernissen nichts mehr sehen.
In solchen Momenten bedarf es im Grunde nur der Hingabe an eine höhere Führung oder die Bereitschaft, den Sinn in den Hindernissen zu entdecken.

Und es gibt einen Sinn in den Hindernissen des Lebens!
Vertraue darauf.
Denn Schwierigkeiten helfen uns dabei, Unbewusstes ins Bewusstsein zu heben. Auch wenn es schwierig und unangenehm sein mag. Schwierigkeiten beinhalten die Aufforderung, Ungleichgewichte zu erkennen, um Gleichgewicht herstellen zu können.
Und dadurch, dass wir Unharmonisches in uns wahrnehmen und Gleichgewicht herstellen, machen wir uns vollständiger und runder. Wir werden ganz und dabei ganz wir selbst. Wir werden lebendiger, wenn wir alle Facetten von uns kennen und lieben lernen.

Andere Menschen helfen uns bei dieser Entwicklung. Sie dienen als Spiegel, in dem wir uns selbst erkennen und erleben dürfen. Wir gehen in Resonanz mit all dem, was in uns noch nicht rund und harmonisch ist. Mit dem, was wir bisher noch nicht lieben und akzeptieren konnten.

Widerstände als Hinweise dafür zu nutzen, aufmerksam und achtsam wahrzunehmen, was ist, macht persönliche Entwicklungsarbeit aus. Wir entwickeln dabei nach und nach uns selbst. Selbst- Entwicklung eben.
Der Preis dafür ist, die Opferrolle aufzugeben. Und die Opferrolle aufzugeben beinhaltet, voll und ganz die Verantwortung für das eigene Leben zu übernehmen. Dabei kann sich jeder helfen lassen. Und wie schön ist es, mit Hilfe einer Meditation oder einem lieben Menschen sich selbst mehr auf die Spur zu kommen.
Wir wollen doch alle glücklich sein. Oder?

So hoffe ich, dass du in diesem Buch viele Wegweiser gefunden hast, die dich geführt haben zu den Anteilen in dir, die dich vollständiger und glücklicher haben werden lassen.

Sich mit sich selbst eins zu fühlen und alles, was geschieht, als Leben zu sehen, das kein Gegenteil hat, sondern sich als Leben in Höhen und Tiefen offenbart, ist sicher ein hohes Ideal. Doch lohnt es sich nicht, hohe Ideale zu haben?

Sei lieb gegrüßt

Ines

Ein „Dankesbrief an Dich selbst"

Zum Abschluss kommt eine Einladung an dich, einen Brief an dich selbst zu formulieren. Und wenn du magst, kannst du den Brief mit einer Überschrift des Dankes versehen. Du fasst in Worte, wofür du dankbar bist. DIR dankbar bist. Was dich auszeichnet. Was du besonders gut geschafft hast. Was dir an dir gefällt. Was an DIR besonders ist und warum es besonders schön ist, dass es DICH gibt.

Eine Hilfestellung kann sein, wenn du diesen Brief nicht aus deiner eigenen Perspektive schreibst, sondern dich in die Lage einer liebsten Freundin versetzt. Diese schreibt dir dann den Brief über dich und an dich. Diese Freundin beschreibt dann auch, warum es einfach wundervoll ist, dass du ihre Freundin bist!
Freunde sind immer zugewandt und vor allem ehrlich. Und sie sehen alles von dir und mögen dich trotzdem oder vielleicht auch gerade deswegen, weil sie alles von dir kennen.

Sei also mutig und schreibe diesen Brief.

Und sei voller Demut für das Leben, von dem du ein einzigartiger Ausdruck bist. Lebe das Leben, weil es gelebt werden will.

Hab es schön!

Kontakt zur Autorin:

Ines Maiwald

Maiwald.ines@gmx.de

www.inesmaiwald.de

Ich bin Psychologin, Yogalehrerin, Beraterin, Mutter, Ehefrau, Freundin und vieles mehr. Aber vor allem bin ich ein Mensch. Ich erlebe mich, und ich erfahre das Leben mit all seinen schönen und auch schmerzhaften Momenten. Aus allem lerne ich. Ich lasse mich inspirieren. Und so oft es mir möglich ist, und immer dann, wenn es nötig ist, erinnere ich mich an die heilige Quelle in mir, die mich schuf und die mir zuflüstert: Du bist ok, so wie du bist. Du bist vollkommen, heilig und ein geliebtes Kind Gottes.

Diese 3 Bücher sind ebenfalls von mir

ISBN: 978-3-96738-257-0

ISBN: 978-3-96738-255-6

ISBN: 978-3-96738-165-8

Auszug aus dem Verlagsprogramm zum Thema „Entspannung"

Entspannungsgeschichten und Fantasiereisen für Erwachsene
ISBN: 978-3-96738-033-0 (von Angelina Schulze)

Traumreisen für Kinder aus Paulines Träumezauberstab
ISBN: 978-3-96738-074-3 (von Angelina Schulze)

Fantasiereisen für Groß und Klein
ISBN: 978-3-96738-254-9 (von Simone Merle Waese)

Meditationen Seelenruhe Doppelband 1 und 2
ISBN: 978-3-96738-208-2 (von Petra Silberbauer)

Ich relaxe – Mit Entspannungsgeschichten und Meditationen durch das Jahr
ISBN: 978-3-96738-205-1 (von Petra Silberbauer)

Meditation, heilsames Abenteuer für Körper, Geist und Seele
ISBN: 978-3-96738-199-3 (von Dr. Michelle Haintz)

Entspannungsübungen und Entspannungstipps für Körper, Geist und Seele   ISBN: 978-3-96738-177-1 (von Angelina Schulze)

Autogenes Training – Anleitung und Übungen für Erwachsene
ISBN: 978-3-96738-178-8 (von Angelina Schulze)

Lenormandkarten Fantasiereisen
ISBN: 978-3-96738-245-7 (von Angelina Schulze)

Spirituelle Fantasiereisen für Erwachsene
ISBN: 978-3-96738-241-9 (von Angelina Schulze – 2023 in Planung)

Hypnotische Fantasiereisen für Erwachsene zum Entspannen und Träumen (Band 1 bis 3 von Angelina Schulze – 2023 in Planung)

Und noch viele weitere Bücher …

Printed in Poland
by Amazon Fulfillment
Poland Sp. z o.o., Wrocław